中国旅游统计年鉴
THE YEARBOOK OF CHINA TOURISM STATISTICS
2017

中华人民共和国国家旅游局
NATIONAL TOURISM ADMINISTRATION OF
THE PEOPLE'S REPUBLIC OF CHINA

中国旅游出版社

2015~2016 年主要国家入境旅游人数

FOREIGN VISITOR ARRIVALS FROM THE MAIN GENERATING COUNTRIES 2015–2016

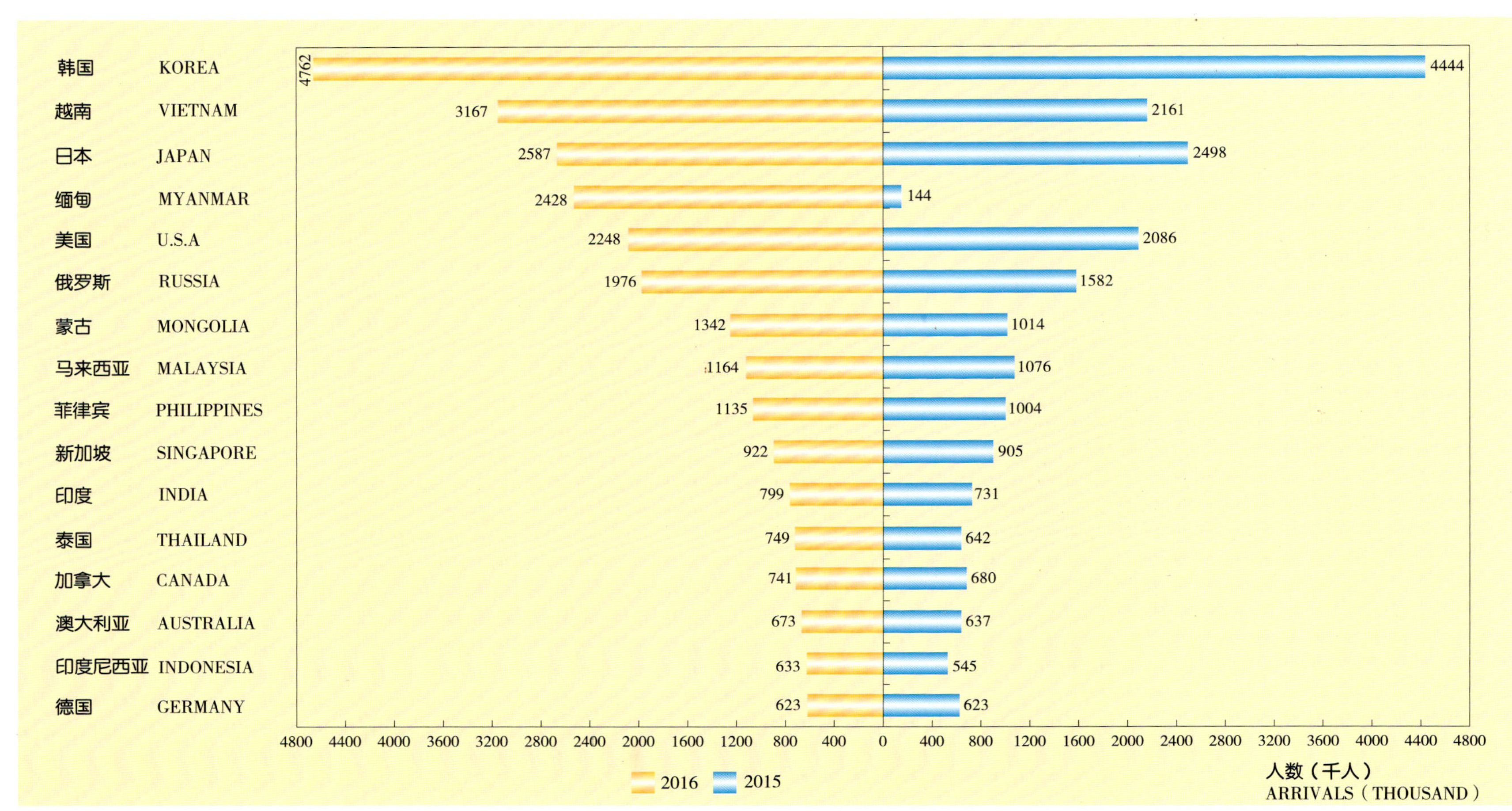

2014~2016 年各月入境外国游客人数
MONTHLY FOREIGN VISITOR ARRIVALS 2014–2016

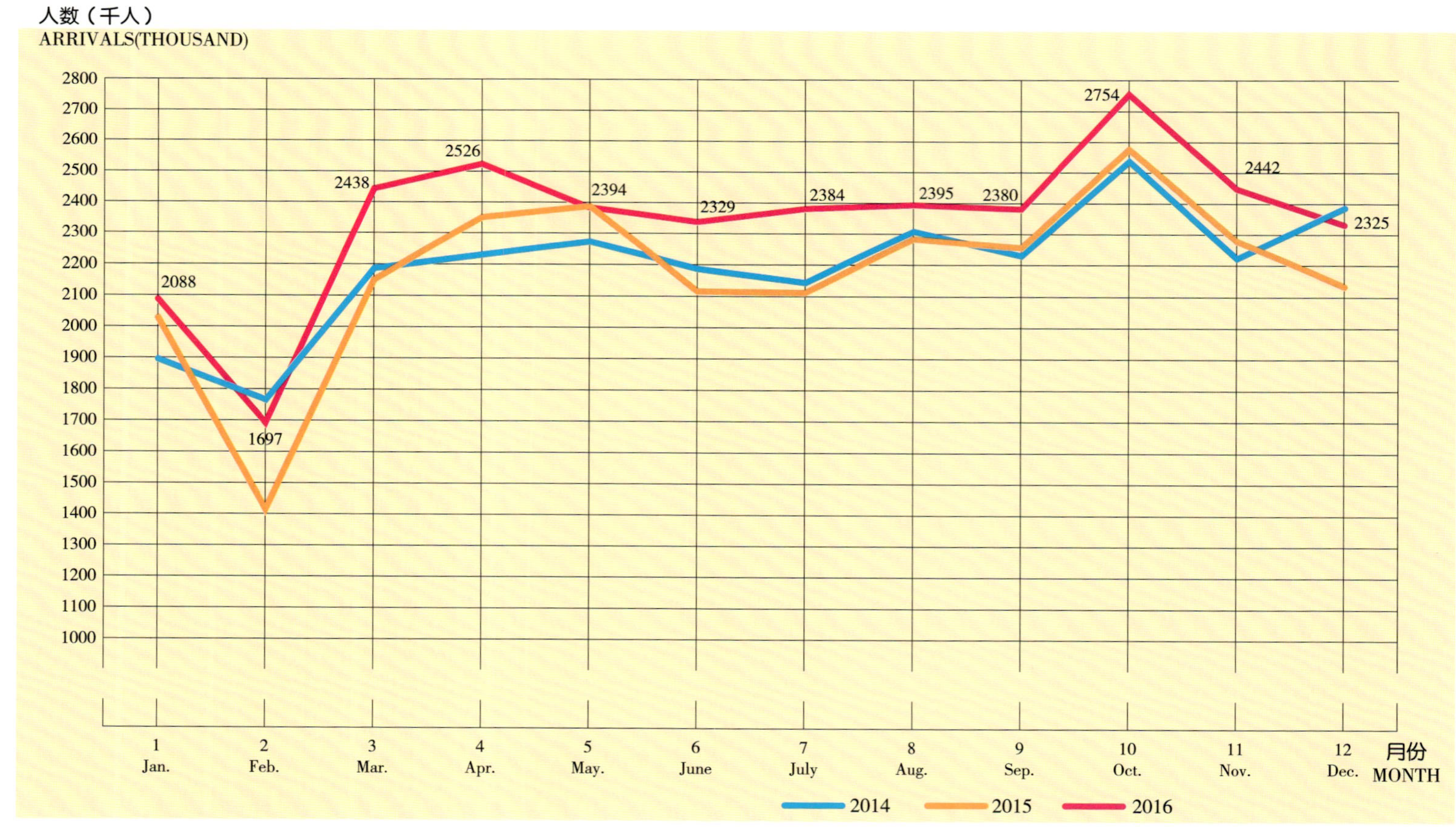

2016 年主要城市接待入境过夜游客人数
ARRIVALS TO MAJOR CITIES 2016

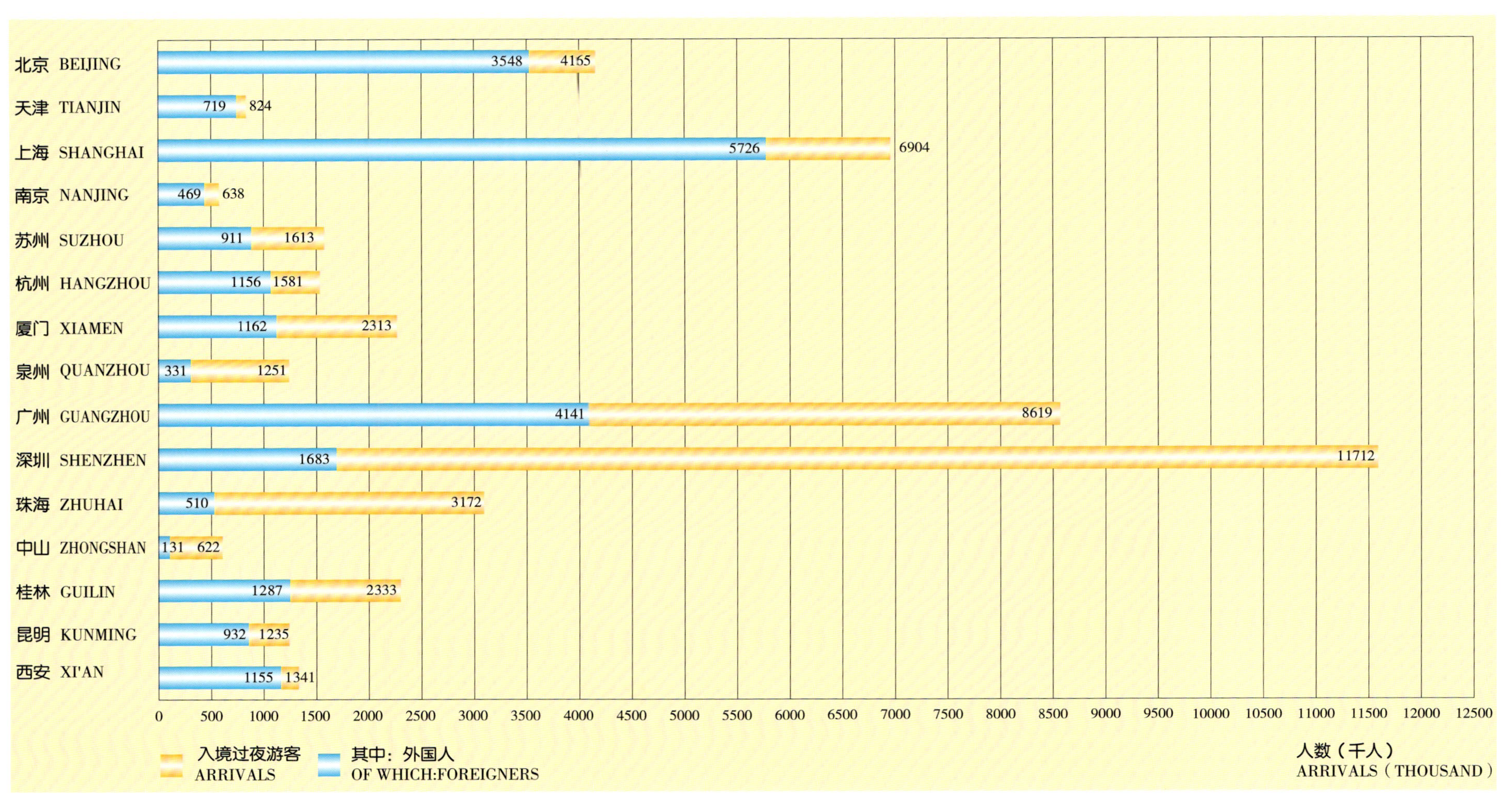

2016 年入境外国游客人数构成（按地区分）
BREAKDOWN OF FOREIGN VISITOR ARRIVALS BY REGION 2016

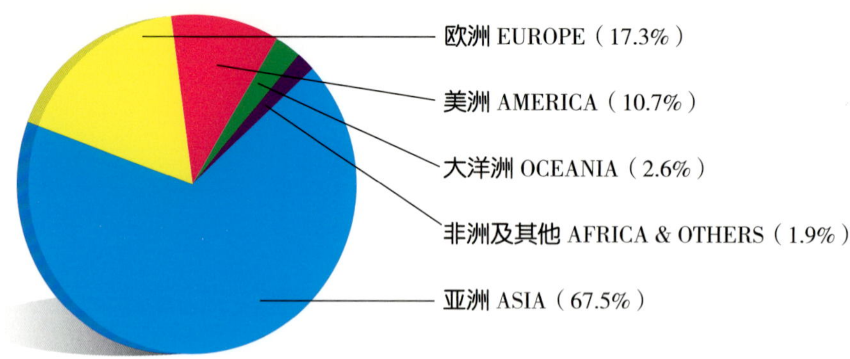

2016 年入境外国游客人数构成（按入境方式分）
BREAKDOWN OF FOREIGN VISITOR ARRIVALS BY MODE OF TRANSPORT 2016

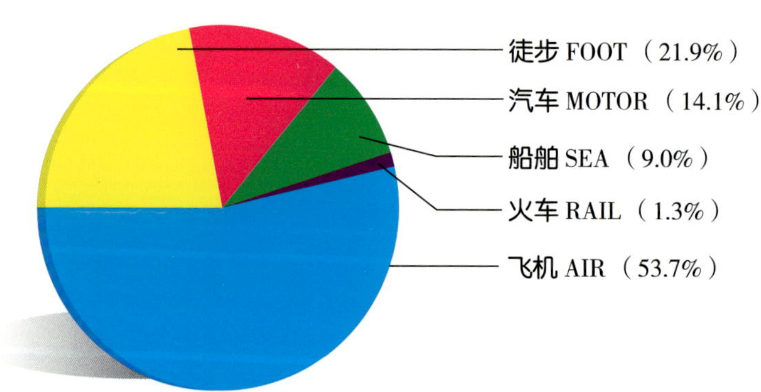

2016 年入境外国游客人数构成（按年龄分）
BREAKDOWN OF FOREIGN VISITOR ARRIVALS BY AGE 2016

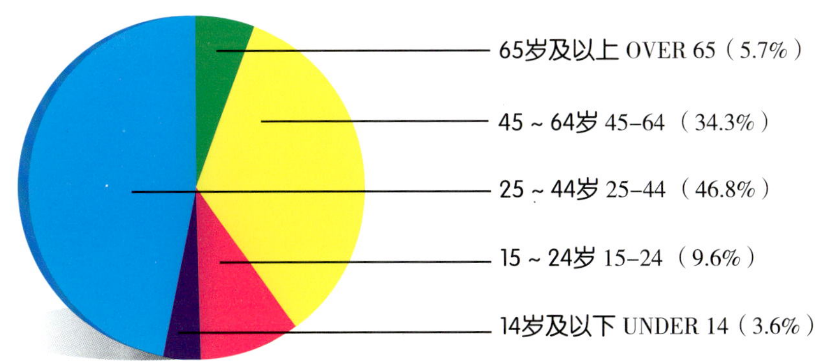

2016 年入境外国游客人数构成（按目的分）
BREAKDOWN OF FOREIGN VISITOR ARRIVALS BY PURPOSE 2016

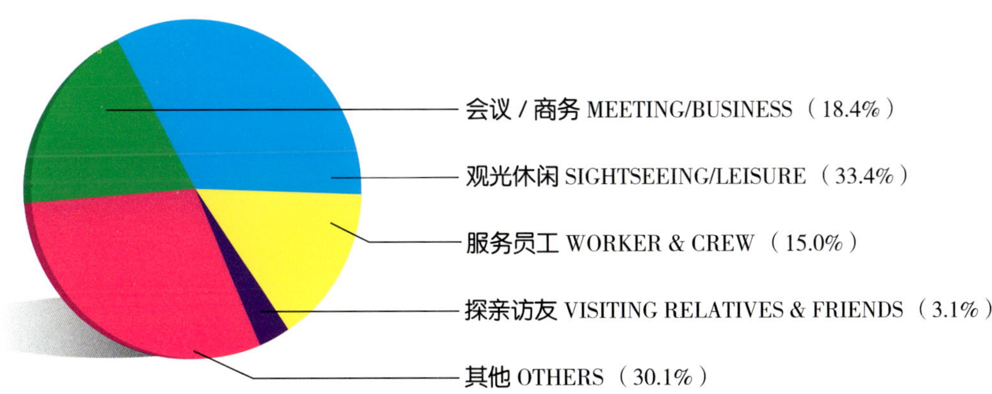

2016 年国际旅游（外汇）收入构成
BREAKDOWN OF INTERNATIONAL TOURISM RECEIPTS 2016

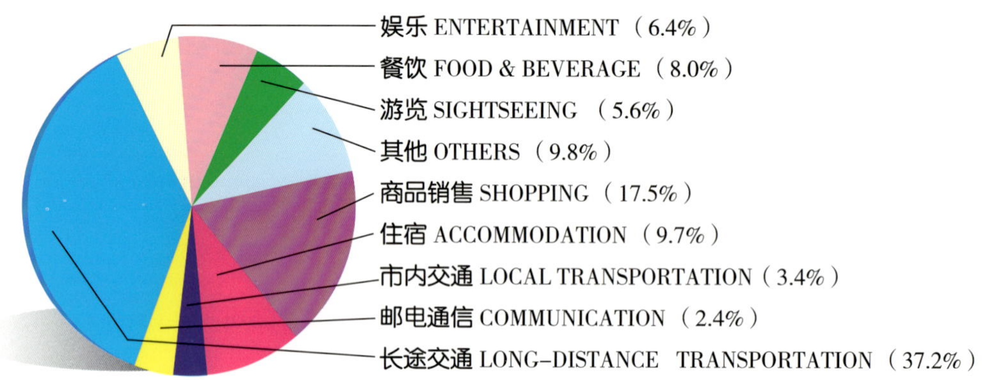

2016 年国际旅游（外汇）收入（按来源分）
INTERNATIONAL TOURISM RECEIPTS 2016

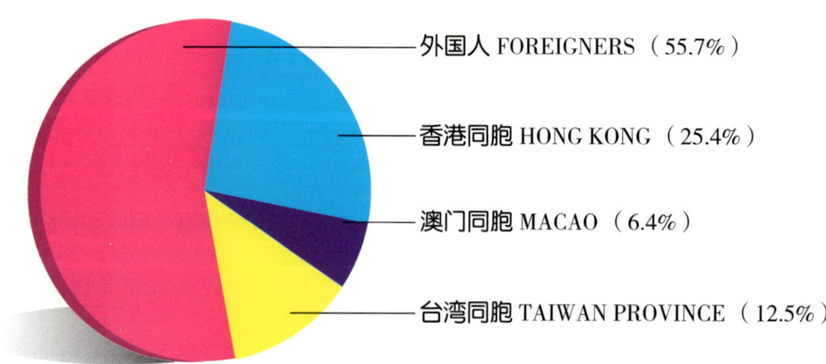

1995~2016 年星级饭店数及客房数
NUMBER OF STAR-RATED HOTELS & ROOMS 1995-2016

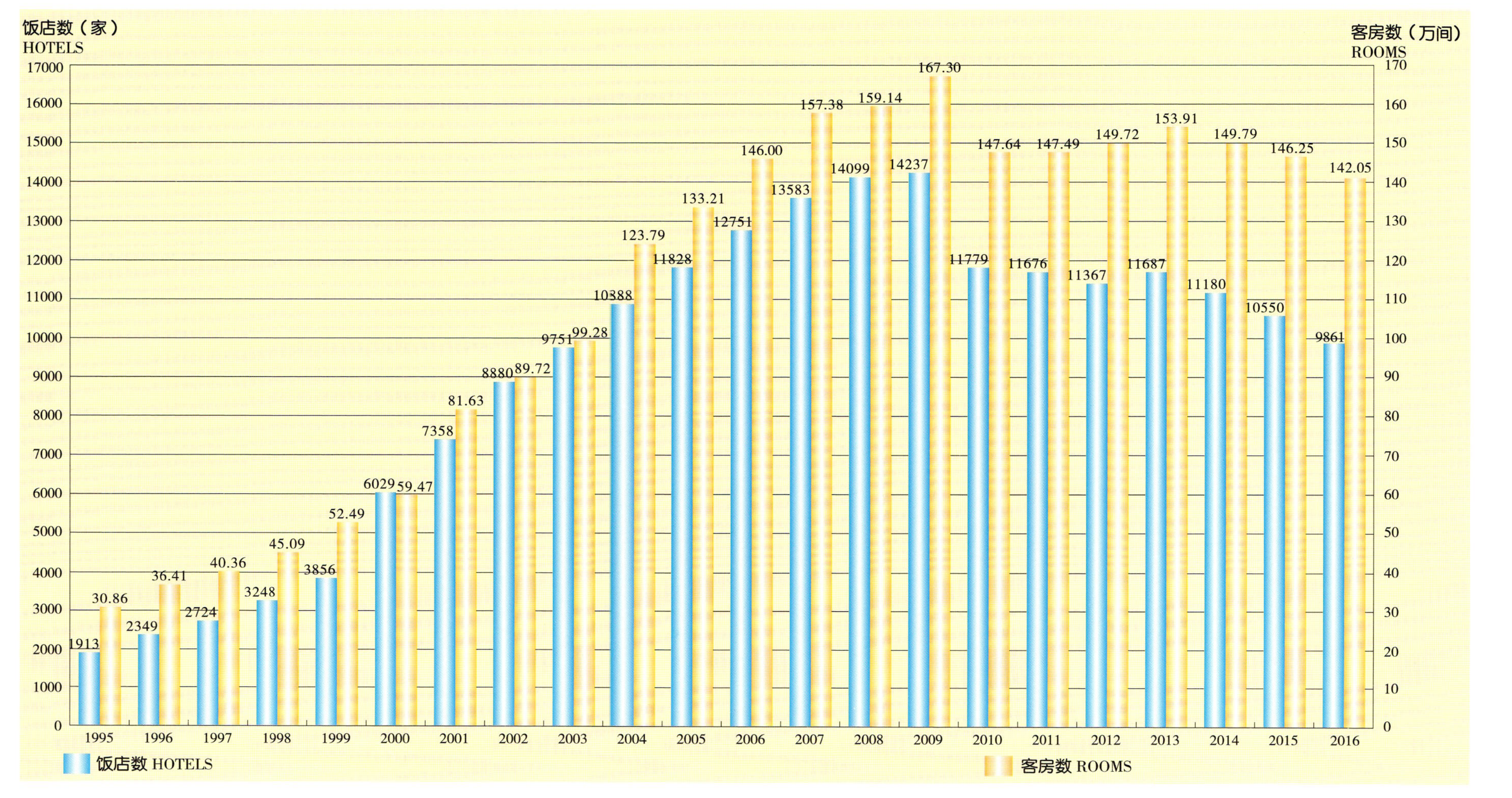

2016 年不同星级饭店的数量及客房数

NUMBER OF DIFFERENT STAR-RATED HOTELS & ROOMS 2016

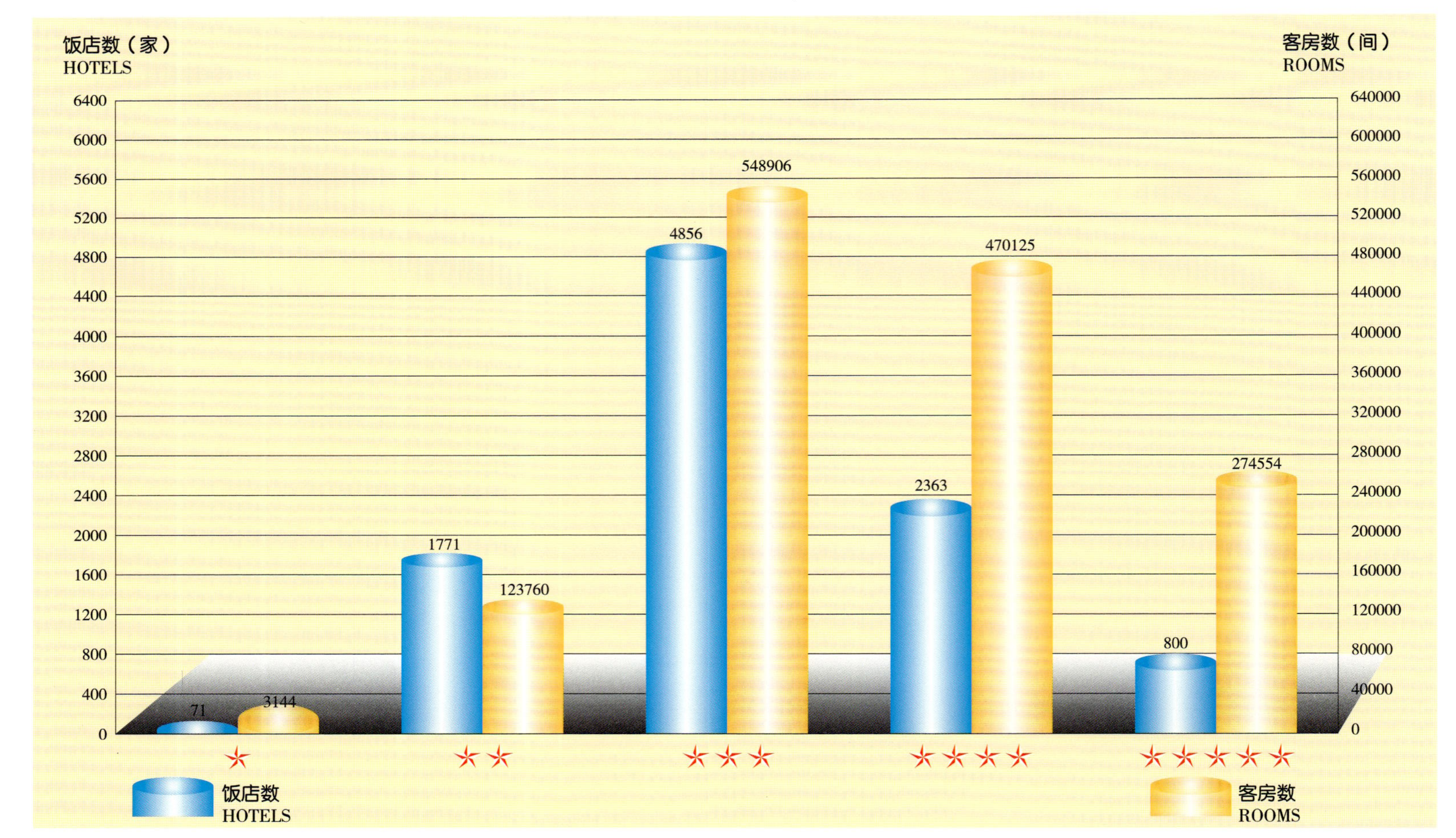

中国旅游统计年鉴编辑委员会

LIST OF EDITIONAL BOARD OF THE YEARBOOK OF CHINA TOURISM STATISTICS

编 者 说 明

《中国旅游统计年鉴 2017》是一本全面反映 2016 年中华人民共和国旅游业发展情况的资料性年刊。全书为中英文对照版本，内容分为：2016 年中国旅游业统计公报和入境旅游人数、入境外国游客主要特征、国际旅游（外汇）收入、国内旅游基本情况、地方接待入境过夜游客情况、星级饭店基本情况、旅行社基本情况、A 级旅游景区基本情况、旅游企事业单位基本情况等共九个部分的统计资料。

本年鉴所附的《旅游统计基本概念和主要指标解释》，是对主要旅游统计指标的含义、统计范围和统计方法所作的简要说明。

本年鉴资料来源于全国各地旅游部门、统计部门和公安边检等部门。全国统计数据均未包括我国台湾省、香港特别行政区和澳门特别行政区的数字。本年鉴的统计数字按国家旅游局和国家统计局联合制定的《旅游统计调查制度》规定的口径进行统计和汇总，个别特殊的地方做了注释和说明。入境游客调查范围是到中国（大陆）的入境游客（包括外国人、港澳同胞和台湾同胞），其停留时间不超过 3 个月。在编辑过程中，我们对 2016 年各月的数字进行了核实、调整，读者在使用时如发现已经公布的统计数字与本年鉴数字不符，则以本年鉴数字为准。

本年鉴是了解中国旅游业 2016 年发展情况的权威性资料，可供旅游部门、国民经济各有关部门、教学科研单位以及旅游经济的科研人员、大专院校师生使用。海外旅游业同行、有关行业内人士以及入境旅游的外国人、港澳台同胞亦可从中得到有关统计信息。本年鉴中凡带有续表的资料，如有注解均加在第一张表下面,请读者使用时注意。表中有“#”号者表示为该栏的主要项或其中项；有“*”号者表示本表下有注解；空格处表示该项数据不详或以前年份无该数据。统计表下注有资料来源单位，未注明的均为国家旅游局提供。

中国旅游统计年鉴编委会

二○一七年十一月

INTRODUCTION

The Yearbook of China Tourism Statistics for 2017 is a yearly review with information on the overall development of the tourism industry in the People's Republic of China in 2016. Written in English and Chinese, the information in this Yearbook covers nine aspects: Statistics Report on China's Tourism Industry in 2016 and visitor arrivals to China, major profile of international visitors to China, international tourism receipts, domestic tourism, business of different regions, business of star-rated hotels, business of travel agencies, business of A-grade tourist attractions, travel enterprises and non-business institutions.

A note to the Index of Major Statistic Terms is attached at the end of the Yearbook, which gives a brief explanation of the meaning of main tourism statistics, scope and method of data-collecting.

The data of the Yearbook come from the tourism departments, statistical departments, and ports of entry and exit of public security departments throughout the country. The statistics of Taiwan Province, Hong Kong Special Administrative Region and Macao Special Administrative Region are not included. All the data are processed and compiled in line with the requirements set forth in the tourism statistics reporting system jointly formulated by the National Tourism Administration and the National Bureau of Statistics, and explanatory notes are provided in some special cases. Inbound visitor samples include inbound visitors from foreign countries, Hong Kong SAR, Macau SAR and Taiwan province while their stay time is less than 3 months. Re-check and re-adjustments have been made to the figures of each month in 2016, and if some inconsistency is found between the published figures and the figures in this Yearbook, the latter should be taken as authentic.

This Yearbook provides authoritative data on the development of China's tourism industry in 2016, which is useful to tourism departments, relevant departments of the national economy, education and research institutes, and students and teachers. The overseas travel trade, relevant people of the industry and foreign visitors to China, compatriots from Hong Kong, Macao and Taiwan can also benefit from this Yearbook.

In the Yearbook, wherever a table is contiuned on the next page, footnotes are given on the first page. The mark "#" denotes headline entry, while the mark "*" leads to footnotes. A blank cell means relevant data unclear or the relevant figure for previous years not available. Sources of the data are acknowledged beneath the table. All the unacknowledged data are provided by the National Tourism Administration.

Editing Committee of
the Yearbook of China Tourism Statistics
November, 2017

目　录

四、国内旅游基本情况

五、地方接待入境过夜游客情况

六、星级饭店基本情况

七、旅行社基本情况

八、A 级旅游景区基本情况

九、旅游企事业单位基本情况

附　　录

CONTENTS

2016年中国旅游业统计公报

2016年，全域旅游推动旅游经济实现较快增长。国内旅游市场持续高速增长，入境旅游市场平稳增长，出境旅游市场增速进一步放缓。国内旅游人数44.4亿人次，收入3.94万亿元，分别比上年增长11%和15.2%；入境旅游人数1.38亿人次，实现国际旅游收入1200亿美元，分别比上年增长3.5%和5.6%；中国公民出境旅游人数达到1.22亿人次，旅游花费1098亿美元，分别比上年增长4.3%和5.1%；全年实现旅游业总收入4.69万亿元，同比增长13.6%。全年全国旅游业对GDP的综合贡献为8.19万亿元，占GDP总量的11.01%。旅游直接就业2813万人，旅游直接和间接就业7962万人，占全国就业总人口的10.26%。

一、国内旅游

——全国国内旅游人数44.4亿人次，比上年增长11%。其中：城镇居民31.95亿人次，农村居民12.40亿人次。

——全国国内旅游收入3.94万亿元，比上年增长15.2%。其中：城镇居民旅游消费3.22万亿元，农村居民旅游消费0.71万亿元。

——全国国内旅游人均花费888.2元。其中：城镇居民国内旅游人均花费1009.1元，农村居民国内旅游人均花费576.4元。

——在春节、“十一”两个长假中，全国共接待国内游客8.95亿人次，实现旅游收入8473亿元。

二、入境旅游

——入境旅游人数1.38亿人次，比上年同期增长3.5%。其中：外国人2815万人次，增长8.3%；香港同胞8106万人次，增长2.0%；澳门同胞2350万人次，增长2.7%；台湾同胞573万人次，增长4.2%。

——入境过夜游客人数5927万人次，比上年同期增长4.2%。其中：外国人2165万人次，增长6.7%；香港同胞2772万人次，增长2.3%，澳门同胞481万人次，增长3.1%，台湾同胞509万人次，增长5.0%。

——国际旅游收入1200亿美元，比上年同期增长5.6%。

三、出境旅游

——我国公民出境旅游人数达到1.22亿人次，比上年同期增长4.3%。

——经旅行社组织出境旅游的总人数为5727.1万人次，增长23.3%，其中：组织出国游4498.4万人次，增长39.2%；组织港澳游918.0万人次，下降9.5%；组织台湾游310.8万人次，下降21.9%。

——我国公民出境旅游目的地新增国家为：马其顿、亚美尼亚、塞内加尔、哈萨克斯坦。

——出境旅游花费1098亿美元，比上年增长5.1%。

四、旅行社规模和经营

——截至年末，全国纳入统计范围的旅行社共有27939家，比上年末增长1.2%。

——截至年末，全国旅行社资产总额1277.9亿元，比上年下降4.8%；各类旅行社共实现营业收入4643.1亿元，比上年增长10.8%；营业税金及附加10.4亿元，比上年下降35.4%。

——全年，全国旅行社共招徕入境游客1445.7万人次、6020.5万人天，分别比上年增长2.1%、下降0.05%；经旅行社接待的入境游客为1942.9万人次、6714.6万人天，分别比上年下降1.8%、增长2.8%。

——全年,全国旅行社共组织国内过夜游客15604.9万人次、48702.0万人天，分别比上年增长14.1%和11.7%；经旅行社接待的国内过夜游客为17088.6万人次、53147.5万人天，分别比上年增长11.4%，增长40.3%。

五、星级饭店规模和经营

截至年末，全国纳入星级饭店统计管理系统的星级饭店共计11685家，其中有9861家完成了2016年财务状况表的填报，并通过省级旅游行政管理部门审核。9861家星级饭店财务数据显示：

——全国9861家星级饭店，拥有客房142.0万间，床位248.3万张；拥有固定资产原值5174.5亿元；实现营业收入总额2027.3亿元；上缴营业税66.9亿元；全年平均客房出租率为54.7%。

——在9861家星级饭店中：五星级饭店800家，四星级饭店2363家，三星级饭店 4856 家，二星级饭店 1771 家，一星级饭店 71 家。

——全国 2254 家国有星级饭店，2016 年共实现营业收入 483.7 亿元，上缴营业税 13.1 亿元。

——全国外商和港澳台投资兴建的 379 家星级饭店，全年共实现营业收入 246.2 亿元；上缴营业税 6.3 亿元。

六、旅游教育培训情况

——截至年末，全国共有高等旅游院校及开设旅游系（专业）的普通高等院校 1690 所，比上年末增加 172 所，在校生 44.04 万人，减少 13.1 万人；中等职业学校 924 所，比上年末增加 135 所，在校学生 23.2 万人，增加 0.6 万人。两项合计，旅游院校总数 2614 所，在校学生为 67.2 万人。

——全年，全行业从业人员教育培训总量达 474.5 万人次，比上年减少 0.9 万人次，降低 0.2%。

STATISTICAL REPORT ON CHINA'S TOURISM INDUSTRY IN 2016

In 2016, China's tourism market has seen a rapid and steady growth. Domestic tourism maintained its high- speed growth, inbound tourism market grows steadily, and outbound tourism growth slowed down.

There were 4.44 billion domestic trips, with an receipts of 3.94 trillion yuan. Their respective year-on-year growths were 11% and 15.2%. The inbound tourist arrivals reached 138 million and the international tourism revenue was 120 billion U.S. dollars, respectively up 3.5% and 5.6% over the previous year . The outbound departures were 122 million, with an expenditure of 109.8 billion US dollars, respectively growing by 4.3% and 5.1%. The total tourism revenue was 4.69 trillion yuan, with an annual growth of 13.6%. The overall contribution of tourism industry to GDP was 8.19 trillion yuan, accounting for 11.01% of the GDP. There are 28.13 million people employed directly in tourism industry, plus the indirect employment, the number was 79.62 million, accounting for 10.26% of the total employments in China.

1. Domestic Tourism

——Domestic trips totaled 4.44 billion, up 11% year-on-year. Of the total trips, 3.195 billion were taken by urban residents and 1.24 billion by rural residents.

——The revenue of domestic tourism amounted to 3.94 trillion yuan, with an increase of 15.2% over the previous year. Of this total revenue, 3.22 trillion yuan was spent by domestic residents, and the left 0.71 trillion yuan by rural residents.

——The expenditure per capita on domestic trips was 888.2 yuan. Specifically, the average expenditure on domestic tourism by urban residents was 1009.1 yuan, while that by rural resident was 576.4 yuan.

——During two "Golden weeks", i.e. the Chinese Spring Festival and National Day holidays, there were 895 million domestic trips, generating the tourism revenue of 847.3 billion yuan.

2. Inbound Tourism

——The inbound tourist arrivals reached 138 million, with a year-on-year growth of 3.5%. Among them, foreign tourist arrivals were 28.15 million, up 8.3%, tourist arrivals from Hong Kong were 81.06 million, up 2.0%, tourist arrivals from Macao were 23.50 million, up 2.7%, tourist arrivals from Taiwan were 5.73 million, up 4.2%.

——Inbound overnight tourist arrivals totaled 59.27 million, up 4.2%. Among them, 21.65 million were foreign tourist arrivals, up 6.7%. 27.72 million were tourist arrivals from Hong Kong, up 2.3%. 4.81 million were from Macao, up 3.1%. 5.09 million were from Taiwan, up 5.0%.

——The international tourism revenue reached 120.0 billion US dollars, up 5.6%.

3. Outbound Tourism

——The Chinese outbound departures reached 122 million, up 4.3%.

——The outbound departures via travel agencies totaled 57.271 million, up 23.3%. Of the total,44.984 million went to foreign destination countries, up 39.2%; 9.18 million to Hong Kong and Macao, down 9.5%; and 3.108 million to Taiwan, down 21.9%.

——The newly approved travel destinations countries for Chinese citizens are Macedonia, Armenia, Senegal and Kazakhstan.

—— The outbound tourism expenditure totaled 109.8 billion US dollars, up 5.1%.

4. Scale and Operation of Travel Agencies

—— By the end of 2016, according to relevant statistics,there were 27,939 travel agencies in China,increasing by 1.2% over the previous year.

—— By the end of 2016, the total assets owned by travel agencies amounted to 127.79 billion yuan, down 4.8%; their operating revenue totaled 464.31billion yuan, up 10.8%; the business tax and additional tax were 1.04 billion yuan,decreasing by 35.4% over last year.

—— In 2016, the total inbound tourists arrivals organized by travel agencies were 14.457 million, increasing by 2.1% over the previous year;and the total number of person-nights was 60.205 million,decreasing by 0.05% in comparison with that of last year. The total number of inbound tourists received by travel agencies was 19.429 million, decreasing by 1.8% over last year; and the total number of person-nights was 67.146 million, increasing by 2.8% as against that of the previous year.

——In 2016, the overnight domestic tourist arrivals organized by travel agencies totaled 156.049 million,and the total number of person-nights was 487.02 million ,up 14.1% and 11.7% respectively. The overnight domestic tourists arrivals received by travel agencies amounted to 170.886 million, and the total number of person-nights was 531.475 million, up 11.4% and 40.3% respectively.

5. Scale and Operation of Star Hotels

By the end of 2016, according to data from the star hotel statistics and management system , there were a total of 11,685 star hotels all over the country. Among them, 9,861 had submitted their financial statements of 2016, approved by relevant province-level tourism administrations.Those financial statements showed that:

——The 9,861 star hotels owned 1.42 million guest rooms and 2.483 million beds. They possessed 517.45 billion yuan original value of fixed assets. Their total operating revenue was 202.73 billion yuan, with 6.69 billion yuan business tax. The whole-year average occupancy rate of guest rooms was 54.7%.

——Among the 9861 star hotels, 800 were five-star, 2363 four-star, 4856 three-star, 1771 two-star, and 71 one-star.

——There were 2254 state-owned star hotels realizing the total operating revenue of 48.37 billion yuan and paying the business tax of 1.31 billion yuan in 2016.

——There were 379 star hotels built by investors from foreign countries, and Hong Kong/Macao/Taiwan,which realized the total operating revenue of 24.62 billion yuan and paid the business tax of 0.63 billion yuan in 2016.

6. Education and Training in Tourism industry

——By the end of 2016, there were 1,690 tourism universities and colleges with tourism department (major), 172 less than that of last year, with 440.4 thousand in-school students,131 thousand less than that of the previous year. There were 924 secondary vocational schools, 135 more than that of last year, with 232 thousand in-school students, 6 thousand more than that of the previous year. In total, there were 2,614 tourism schools and universities with 672 thousand in-school students.

——In 2016, employees of the whole tourism industry participating in training programs amounted to 4.745 million times,9 thousand less than that of last year,with a decrease of 0.2%.

关于《2016年中国旅游业统计公报》相关数据的说明

根据《国务院关于促进旅游业改革发展的若干意见》(国发〔2014〕31号)文件要"完善旅游统计指标体系和调查方法，建立科学的旅游发展考核评价体系"的要求，《2016年中国旅游业统计公报》的编制对原旅游统计中存在的问题进行了完善，修订了"国际旅游收入"及其相关的"旅游业总收入""外国入境过夜游客停留天数""人均天花费"等数据，新增了"旅游业对GDP的综合贡献""出境旅游花费"、旅游就业及其占全国就业总人口比例等数据。现就相关数据说明如下：

1. 关于国际旅游收入。根据《旅游统计调查制度》规定的口径和入出境统计口径对等原则，通过辅助调查补充完善了停留时间为3~12个月的入境游客的花费和游客在华短期旅居花费，并修订了外国入境过夜游客人均停留天数和人均天花费，得到2016年国际旅游收入为1200亿美元。

2. 关于出境旅游花费。根据《国际收支手册》(第6版)，外汇管理局公布的**旅行**服务贸易支出实际上是中国公民境外刷卡花费总额。在核算我国"出境**旅游**花费"时，应根据联合国世界旅游组织《2008年国际旅游统计建议》，应扣减各类海外长期务工人员在目的地购买的货物和服务、中国长期海外留学及其家属海外购买的货物和服务，以及国民在海外的置业、购买保险和金融理财产品等支出，从而得到2016年出境旅游花费为1098亿美元。

3. 关于旅游总收入。根据修订的"国际旅游收入"数据计入"旅游总收入"，得到2016年旅游总收入为4.69万亿元人民币。

4. 关于旅游业对GDP的综合贡献。根据联合国世界旅游组织《2008年旅游附属账户：建议的方法框架》，以既有的国际国内游客抽样调查数据为基础，结合投入产出法，核算新增了2016年全国旅游业对GDP的综合贡献。

5. 关于旅游就业数据。根据同一性假定，即某旅游特定产业销售给游客的产品和服务占比，与该产业就业人员中属于旅游就业的比例相等，核算新增了2016年全国旅游业直接就业和间接就业数据。

EXPLANATION OF RELEVANT DATA IN THE *STATISTICAL REPORT ON CHINA'S TOURISM INDUSTRY IN 2016*

In accordance with the requirements of "improving the tourism statistical indexes system and investigation methods, and establishing a scientific assessment and evaluation system for the tourism development," expressed basing on in the *Opinions of the State Council on Promoting the Reform and Development of the Tourism Industry* (G. F. [2014] No. 31), the *Statistical Report on China's Tourism Industry in 2016* has made some refinements. The original term "international tourism revenue" has been amended, so have those related to it, like the "total tourism revenue," "foreign visitors' overnight stays" and "per capita expense a day", etc. New terms have been added, such as "comprehensive contribution of tourism to the GDP", "outbound tourism expense," as well as those concerning tourism employment and its proportion in total national employment population. Relevant data are explained as follows:

1. International tourism revenue. According to the specifications stated in the *System of Tourism Statistics Investigation* and the equivalence principle of inbound-outbound statistics specifications, with the assistant survey the expenses of inbound tourists staying for three to twelve months and of tourists residing for a short period are supplemented with assistant surveys. AlsoAs a result, foreign visitors' overnight stays and their per capita expense a day are also revised. Consequently, tThe international tourism revenue was USD 120.0 billion.

2. Outbound tourism expense. Based on the *Balance of Payments Manual* (Edition 6), travel service trade expenditure issued by the State Administration of Foreign Exchange is actually the total outbound expense purchasing by card of Chinese citizens actually.. When calculating the outbound tourism expense, we should conform to *The International Recommendations for Tourism Statistics 2008 (IRTS 2008)* drafted by the United Nations World Tourism Organization (UNWTO). The outbound tourism expense is defined as the rest after deducting the expense for goods and service purchased by long term overseas workers (excluding tourism cost), long term overseas long term study students and their relativesand , and the other expense ofcaused by purchasing overseas properties, insurance and financial products, etcfrom the outbound cost. Consequently, the outbound tourism expense of China was USD 109.8 billion in 2016.

3. Total tourism revenue. With the amended international tourism revenue, the total tourism revenue was RMB 4.69 trillion.

4. Comprehensive contribution of tourism to the GDP. According to the *2008 Tourism Satellite Account: Recommended Methodological Framework (TSA: RMF 2008)* by the UNWTO and based on international and domestic tourists sampling surveys, the comprehensive contribution of national tourism to the GDP in 2016 is supplemented using the Input-output Method.

5. Tourism employment. According to the hypothesis that the ratio of goods and service sold to tourists in a specific tourism segment equals to that of the tourism employment to the total employees in that segment, the direct and indirect employment data ofcontributed by tourism development statistic in 2016 is supplemented.

一、入境旅游人数

1. INTERNATIONAL VISITOR ARRIVALS TO CHINA

1-1 1978~2016 年中国入境过夜旅游者人数和国际旅游（外汇）收入的世界排名

RANK OF CHINA'S TOURIST ARRIVALS & TOURISM RECEIPTS IN THE WORLD, 1978—2016

年 份 YEAR	过夜游客人数（万人次） TOURIST ARRIVALS（10000 PERSON-TIMES.）	世界排名 RANK	国际旅游（外汇）收入（亿美元） TOURISM RECEIPTS（100Mn. US $）	世界排名 RANK
1978	71.60	—	2.63	—
1979	152.90	—	4.49	—
1980	350.00	18	6.17	34
1981	376.70	17	7.85	34
1982	392.40	16	8.43	29
1983	379.10	16	9.41	26
1984	514.10	14	11.31	21
1985	713.30	13	12.50	21
1986	900.10	12	15.31	22
1987	1 076.00	12	18.62	26
1988	1 236.10	10	22.47	26
1989	936.10	12	18.60	27
1990	1 048.40	11	22.18	25
1991	1 246.40	12	28.45	21
1992	1 651.20	9	39.47	17
1993	1 898.20	7	46.83	15
1994	2 107.00	6	73.23	10

1-1（续1）

年 份 YEAR	过夜游客人数（万人次） TOURIST ARRIVALS（10000 PERSON-TIMES.）	世界排名 RANK	国际旅游（外汇）收入（亿美元） TOURISM RECEIPTS（100Mn. US $）	世界排名 RANK
1995	2 003.40	8	87.33	10
1996	2 276.50	6	102.00	9
1997	2 377.00	6	120.74	8
1998	2 507.29	6	126.02	7
1999	2 704.66	5	140.99	7
2000	3 122.88	5	162.24	7
2001	3 316.67	5	177.92	5
2002	3 680.26	5	203.85	5
2003	3 297.05	5	174.06	7
2004	4 176.14	4	257.39	7
2005	4 680.90	4	292.96	6
2006	4 991.34	4	339.49	5
2007	5 471.98	4	419.19	5
2008	5 304.92	4	408.43	5
2009	5 087.52	4	396.75	5
2010	5 566.45	3	458.14	4
2011	5 758.07	3	484.64	4
2012	5 772.49	3	500.28	4
2013	5 568.59	4	516.64	4
2014	5 562.20	*	1 053.80	*
2015	5 688.57	4	1 136.50	2
2016	5 926.73	4	1 200.00	2

资料来源：世界旅游组织

SOURCE：WORLD TOURISM ORGANIZATION

注：*由于2014年国际旅游（外汇）收入统计口径有所调整，数据不能与往年简单对比。

NOTE：*DUE TO THE CHANGE OF STATISTICAL SCOPE IN 2014, IT IS NOT PROPER TO MAKE SIMPLE COMPARISON WITH THE FIGURES OF PREVIOUS YEARS.

1-2 1978~2016年入境旅游人数

ANNUAL VISITOR ARRIVALS 1978—2016

单 位：万人次

UNIT：TEN THOUS. PERSON-TIMES

年 份 YEAR	总 计 TOTAL	外国人 FOREIGNERS	华 侨 OVERSEAS CHINESE	港澳台同胞 *COMPA-TRIOTS	#台湾同胞 TAIWAN PROVINCE
1978	180.92	22.96	1.81	156.15	—
1979	420.39	36.24	2.09	382.06	—
1980	570.25	52.91	3.44	513.90	—
1981	776.71	67.52	3.89	705.31	—
1982	792.43	76.45	4.27	711.70	—
1983	947.70	87.25	4.04	856.41	—
1984	1 285.22	113.43	4.75	1 167.04	—
1985	1 783.31	137.05	8.48	1 637.78	—
1986	2 281.95	148.23	6.81	2 126.90	—
1987	2 690.23	172.78	8.70	2 508.74	—
1988	3 169.48	184.22	7.93	2 977.33	43.77
1989	2 450.14	146.10	6.86	2 297.19	54.10
1990	2 746.18	174.73	9.11	2 562.34	94.80
1991	3 334.98	271.01	13.34	3 050.62	94.66
1992	3 811.49	400.64	16.51	3 394.34	131.78
1993	4 152.69	465.59	16.62	3 670.49	152.70
1994	4 368.45	518.21	11.52	3 838.72	139.02
1995	4 638.65	588.67	11.58	4 038.40	153.23

1-2（续 1）

年 份 YEAR	总 计 TOTAL	外国人 FOREIGNERS	华 侨 OVERSEAS CHINESE	港澳台同胞 *COMPA-TRIOTS	#台湾同胞 TAIWAN PROVINCE
1996	5 112.75	674.43	15.46	4 422.86	173.39
1997	5 758.79	742.80	9.90	5 006.09	211.76
1998	6 347.84	710.77	12.07	5 625.00	217.46
1999	7 279.56	843.23	10.81	6 425.52	258.46
2000	8 344.39	1 016.04	7.55	7 320.80	310.86
2001	8 901.29	1 122.64	—	7 778.65	344.20
2002	9 790.83	1 343.95	—	8 446.88	366.06
2003	9 166.21	1 140.29	—	8 025.92	273.19
2004	10 903.82	1 693.25	—	9 210.57	368.53
2005	12 029.23	2 025.51	—	10 003.71	410.92
2006	12 494.21	2 221.03	—	10 273.18	441.35
2007	13 187.33	2 610.97	—	10 576.36	462.79
2008	13 002.74	2 432.53	—	10 570.21	438.56
2009	12 647.59	2 193.75	—	10 005.44	448.40
2010	13 376.22	2 612.69	—	10 249.48	514.06
2011	13 542.35	2 711.20	—	10 304.85	526.30
2012	13 240.53	2 719.16	—	10 521.37	534.02
2013	12 907.78	2 629.03	—	10 278.75	516.25
2014	12 849.83	2 636.08	—	10 213.75	536.59
2015	13 382.04	2 598.54	—	10 783.50	549.86
2016	13 844.38	2 815.12	—	11 029.26	573.00

资料来源：公安部

SOURCE：MINISTRY OF PUBLIC SECURITY

NOTE：* COMPATRIOTS FROM HONG KONG，MACAO AND TAIWAN PROVINCE

1-3 2016年各月入境旅游人数
MONTHLY VISITOR ARRIVALS 2016

单 位：万人次
UNIT：TEN THOUS. PERSON-TIMES

月 份 MONTH	总 计 TOTAL	外国人 FOREI-GNERS	香港同胞 HONGKONG COMPATRIOTS	澳门同胞 MACAO COMPATRIOTS	台湾同胞 TAIWAN COMPATRIOTS
全 年 WHOLE YEAR	**13 844.38**	**2 815.12**	**8 105.94**	**2 350.32**	**573.00**
一 月 JAN.	1 110.84	208.76	662.59	198.26	41.24
二 月 FEB.	984.44	169.73	587.97	179.91	46.82
三 月 MAR.	1 206.49	243.77	720.91	198.22	43.59
四 月 APR.	1 193.88	252.57	696.26	196.31	48.74
五 月 MAY	1 162.00	239.41	676.31	197.28	49.00
六 月 JUNE	1 129.74	232.92	658.83	188.23	49.76
七 月 JULY	1 171.38	238.37	679.54	200.33	53.14
八 月 AUG.	1 122.94	239.47	641.37	191.76	50.33
九 月 SEP.	1 162.23	238.01	680.14	197.05	47.02
十 月 OCT.	1 201.40	275.38	674.83	198.68	52.52
十一月 NOV.	1 189.37	244.24	700.81	197.45	46.85
十二月 DEC.	1 209.68	232.48	726.37	206.85	43.97

资料来源：公安部
SOURCE：MINISTRY OF PUBLIC SECURITY

1-4 2016年各月入境旅游人数（按入境方式分）
MONTHLY VISITOR ARRIVALS BY MODE OF TRANSPORT 2016

单 位：万人次
UNIT：TEN THOUS. PERSON-TIMES

月 份 MONTH	总 计 TOTAL	船舶 SEA	飞机 AIR	火车 RAIL	汽车 MOTOR	徒步 FOOT
全 年* WHOLE YEAR	**14 196.63**	**473.15**	**2 267.56**	**113.79**	**3 026.74**	**8 315.39**
一 月 JAN.	1 110.84	34.55	158.71	8.74	244.69	664.14
二 月 FEB.	984.44	32.61	153.50	9.24	205.34	583.76
三 月 MAR.	1 206.49	39.65	194.54	10.33	257.92	704.06
四 月 APR.	1 193.88	41.02	200.21	11.91	257.35	683.38
五 月 MAY	1 162.00	39.99	194.70	9.01	247.41	670.89
六 月 JUNE	1 129.74	41.78	187.57	8.40	243.72	648.26
七 月 JULY	1 171.38	44.06	195.02	9.29	242.74	680.27
八 月 AUG.	1 122.94	41.91	193.41	8.72	236.87	642.02
九 月 SEP.*	1 193.63	38.46	194.81	8.87	254.37	697.12
十 月 OCT.*	1 300.91	42.16	223.64	10.49	268.08	756.53
十一月 NOV.*	1 287.87	38.59	190.22	9.11	276.38	773.57
十二月 DEC.*	1 332.52	38.36	181.23	9.67	291.87	811.39

资料来源：公安部
SOURCE：MINISTRY OF PUBLIC SECURITY
注：*含边民来华旅游人数
NOTE: * INCLUDING INTERNATIONAL ARRIVALS FROM THE BORDER AREAS TO CHINA

1-5　2015~2016 年主要客源国入境旅游人数

FOREIGN VISITOR ARRIVALS FROM THE MAIN GENERATING COUNTRIES 2015—2016

单　位：万人次

UNIT：TEN THOUS. PERSON-TIMES

国　籍 NATIONALITY	2016年* 2016	2015年 2015	2016年比2015年增长（%） GROWTH（%）
总　计 TOTAL	**3 148.38**	**2 598.54**	**21.2**
其　中 OF WHICH			
韩　国 KOREA	476.22	444.44	7.2
越　南 VIETNAM*	316.73	216.08	46.6
日　本 JAPAN	258.74	249.77	3.6
缅　甸 MYANMAR*	242.81	14.44	1 581.8
美　国 U.S.A.	224.78	208.58	7.8
俄罗斯 RUSSIA*	197.60	158.23	24.9
蒙　古 MONGOLIA*	134.23	101.41	32.4
马来西亚 MALAYSIA	116.39	107.55	8.2
菲律宾 PHILIPPINES	113.47	100.40	13.0
新加坡 SINGAPORE	92.19	90.53	1.8
印　度 INDIA*	79.91	73.05	9.4
泰　国 THAILAND	74.90	64.15	16.8
加拿大 CANADA	74.08	67.98	9.0
澳大利亚 AUSTRALIA	67.32	63.73	5.6
印度尼西亚 INDONESIA	63.29	54.48	16.2
德　国 GERMANY	62.27	62.34	-0.1
英　国 UNITED KINGDOM	59.43	57.96	2.5
法　国 FRANCE	50.35	48.69	3.4
意大利 ITALY	26.68	24.61	8.4
哈萨克斯坦 KAZAKHSTAN*	22.54	24.15	-6.7

1-5（续 1）

国　籍 NATIONALITY		2016年* 2016	2015年 2015	2016年比2015年增长（%） GROWTH（%）
朝　　鲜	KOREA,D.P.REP.*	20.95	18.83	11.2
荷　　兰	NETHERLANDS	19.95	18.18	9.7
乌 克 兰	UKRAINE	16.04	14.17	13.2
西 班 牙	SPAIN	14.96	13.63	9.8
新 西 兰	NEW ZEALAND	13.60	12.54	8.5
伊　　朗	IRAN	12.80	11.32	13.1
巴基斯坦	PAKISTAN*	11.91	11.31	5.3
瑞　　典	SWEDEN	11.52	11.84	–2.7
巴　　西	BRAZIL	9.33	8.55	9.2
孟加拉国	BANGLADESH	8.50	8.02	6.0
波　　兰	POLAND	8.39	7.48	12.2
尼 泊 尔	NEPAL*	8.33	5.00	66.8
以 色 列	ISRAEL	8.29	7.62	8.9
埃　　及	EGYPT	8.29	8.65	–4.2
土 耳 其	TURKEY	7.91	9.95	–20.5
墨 西 哥	MEXICO	7.33	6.83	7.4
瑞　　士	SWITZERLAND	7.26	7.27	–0.2
丹　　麦	DANMARK	7.16	7.09	1.0
南　　非	SOUTH AFRICA	6.67	6.55	1.9
比 利 时	BELGIUM	6.67	6.52	2.3
奥 地 利	AUSTRIA	6.59	6.08	8.5
芬　　兰	FINLAND	5.79	5.51	5.0
乌兹别克斯坦	UZBKISTAN	5.26	5.54	–5.0
吉尔吉斯斯坦	KYRGYZSTAN*	4.43	4.37	1.2
挪　　威	NORWAY	3.82	4.11	–7.0

注：*含边民来华旅游人数

NOTE: * INCLUDING INTERNATIONAL ARRIVALS FROM THE BORDER AREAS TO CHINA

1-6 2016年各月入境外国
MONTHLY FOREIGN VISITOR

国籍 NATIONALITY		一月 JAN.	二月 FEB.	三月 MAR.	四月 APR.	五月 MAY	六月 JUNE
总计	**TOTAL***	**208.76**	**169.73**	**243.77**	**252.57**	**239.41**	**232.92**
亚洲	**ASIA**	**132.48**	**110.69**	**152.92**	**155.98**	**154.48**	**151.13**
日本	JAPAN	20.48	18.26	22.39	21.01	21.16	20.62
韩国	KOREA	36.77	33.04	36.18	40.49	42.70	42.99
蒙古	MONGOLIA*	10.03	4.01	8.99	9.78	10.61	11.14
印度尼西亚	INDONESIA	4.01	4.03	5.51	5.71	5.46	5.51
马来西亚	MALAYSIA	6.77	6.52	11.40	10.86	10.47	8.39
菲律宾	PHILIPPINES	8.37	7.72	9.64	9.78	9.64	9.95
新加坡	SINGAPORE	6.17	5.51	8.38	7.70	8.21	8.49
泰国	THAILAND	4.92	4.77	7.29	8.05	6.34	5.67
印度	INDIA*	5.44	4.31	7.34	7.47	7.69	7.23
其他	OTHERS	29.52	22.52	35.80	35.13	32.19	31.14
欧洲	**EUROPE**	**40.60**	**30.13**	**46.83**	**50.71**	**44.23**	**42.22**
英国	UNITED KINGDOM	4.44	3.92	5.82	5.90	4.93	4.41
法国	FRANCE	3.99	3.41	4.18	5.28	4.46	3.65
德国	GERMANY	4.94	4.07	5.77	6.22	5.38	4.54
意大利	ITALY	2.03	1.57	2.13	2.47	2.25	2.08
瑞士	SWITZERLAND	0.51	0.41	0.61	0.79	0.66	0.54
瑞典	SWEDEN	0.97	0.75	1.12	1.17	0.94	0.90
荷兰	NETHERLANDS	1.47	1.14	1.55	2.00	1.74	1.43
俄罗斯	RUSSIA*	14.42	8.24	16.11	16.72	14.93	16.23
其他	OTHERS	7.84	6.61	9.53	10.17	8.94	8.45
美洲	**AMERICA**	**24.81**	**21.63**	**30.98**	**32.29**	**28.82**	**29.13**
美国	U.S.A.	16.41	14.02	20.33	21.35	19.48	20.86
加拿大	CANADA	5.65	5.33	7.13	6.57	6.13	5.21
其他	OTHERS	2.74	2.28	3.52	4.37	3.22	3.06
大洋洲	**OCEANIA**	**6.76**	**4.64**	**7.41**	**7.79**	**6.71**	**6.35**
澳大利亚	AUSTRALIA	5.52	3.81	6.30	6.39	5.46	5.15
新西兰	NEW ZEALAND	1.12	0.74	0.99	1.27	1.12	1.09
其他	OTHERS	0.11	0.10	0.12	0.13	0.13	0.11
非洲	**AFRICA**	**4.09**	**2.63**	**5.61**	**5.78**	**5.15**	**4.09**
其他	**OTHERS**	**0.01**	**0.02**	**0.02**	**0.02**	**0.02**	**0.01**

资料来源：公安部

SOURCE：MINISTRY OF PUBLIC SECURITY

注：*含边民来华旅游人数

NOTE: * INCLUDING INTERNATIONAL ARRIVALS FROM THE BORDER AREAS TO CHINA

游客人数（按国籍分）

ARRIVALS BY NATIONALITY 2016

单　位：万人次

UNIT：TEN THOUS. PERSON-TIMES

七月 JULY	八月 AUG.	九月 SEP.	十月 OCT.	十一月 NOV.	十二月 DEC.	合计 TOTAL	占总数比重（%） P.C. TOTAL	比上年增长（%） GROWTH（%）
238.37	**239.47**	**269.41**	**374.89**	**342.75**	**336.33**	**3148.38**	**100.00**	#
151.97	**154.46**	**182.23**	**267.01**	**254.78**	**256.95**	**2125.08**	**67.50**	#
21.36	23.79	21.29	24.11	22.46	21.82	258.74	8.22	3.6
43.12	44.34	40.59	44.05	37.58	34.37	476.22	15.13	7.2
9.46	13.30	11.55	14.43	15.91	15.03	134.23	4.26	32.4
6.97	4.64	4.69	6.08	4.85	5.82	63.29	2.01	16.2
7.78	6.95	10.51	11.56	11.65	13.53	116.39	3.70	8.2
10.58	9.72	9.18	10.10	9.26	9.52	113.47	3.60	13.0
6.00	5.88	7.99	8.46	9.21	10.19	92.19	2.93	1.8
5.85	5.18	5.91	7.78	6.37	6.77	74.90	2.38	16.8
6.78	6.97	6.86	7.59	6.49	5.74	79.91	2.54	9.4
34.08	33.69	63.66	132.87	131.00	134.15	715.74	22.73	#
46.78	**48.40**	**46.47**	**58.89**	**47.24**	**41.49**	**543.99**	**17.28**	#
5.09	4.86	4.90	6.36	5.06	3.76	59.43	1.89	2.5
4.23	4.36	3.81	5.50	3.96	3.52	50.35	1.60	3.4
4.79	5.25	5.11	7.00	5.36	3.85	62.27	1.98	-0.1
2.20	2.45	2.21	2.97	2.44	1.86	26.68	0.85	8.4
0.69	0.54	0.61	0.87	0.58	0.43	7.26	0.23	-0.2
0.73	0.70	0.87	1.34	1.07	0.96	11.52	0.37	-2.7
2.14	1.75	1.51	2.07	1.66	1.47	19.95	0.63	9.7
17.69	19.11	17.99	20.77	17.67	17.71	197.60	6.28	24.9
9.23	9.38	9.46	12.02	9.42	7.92	108.95	3.46	#
28.71	**25.55**	**27.00**	**34.55**	**28.92**	**25.48**	**337.88**	**10.73**	#
19.12	16.73	17.73	22.59	19.35	16.79	224.78	7.14	7.8
6.48	5.61	5.74	7.27	6.66	6.30	74.08	2.35	9.0
3.11	3.21	3.53	4.68	2.91	2.39	39.02	1.24	#
6.12	**5.76**	**7.89**	**8.19**	**6.75**	**7.99**	**82.35**	**2.62**	#
4.84	4.57	6.42	6.82	5.55	6.50	67.32	2.14	5.6
1.17	1.06	1.32	1.25	1.09	1.38	13.60	0.43	8.5
0.12	0.13	0.14	0.12	0.11	0.10	1.42	0.05	#
4.77	**5.29**	**5.80**	**6.22**	**5.04**	**4.40**	**58.86**	**1.87**	#
0.02	**0.02**	**0.02**	**0.02**	**0.02**	**0.02**	**0.22**	**0.01**	#

注：#2016年9月开始统计边民来华旅游人数，口径发生变化，数据不能与往年简单对比

NOTE: # ARRIVALS FROM BORDER AREAS HAVE BEEN INCLUDED IN INTERNATIONAL ARRIVALS SINCE SEPTEMBER 2016. AS A RESULT ,THE DATA CAN NOT BE COMPARED WITH THOSE OF PREVIOUS YEARS AFTER THIS STATISTICAL DEFINITION CHANGE.

1-7 2011~2016 年入境外国旅游者人数（按国籍分）

ANNUAL FOREIGN VISITOR ARRIVALS BY NATIONALITY 2011—2016

单 位：万人次

UNIT：TEN THOUS. PERSON-TIMES

国 籍 NATIONALITY		2011年 2011	2012年 2012	2013年 2013	2014年 2014	2015年 2015	2016年* 2016
总 计	**TOTAL**	**2 711.20**	**2 719.16**	**2 629.03**	**2 636.08**	**2 598.54**	**3 148.38**
亚 洲	**ASIA**	**1 665.02**	**1 664.88**	**1 608.83**	**1 636.15**	**1 662.00**	**2 125.08**
日 本	JAPAN	365.82	351.82	287.75	271.76	249.77	258.74
韩 国	KOREA	418.54	406.99	396.90	418.17	444.44	476.22
蒙 古	MONGOLIA	99.42	101.05	105.00	108.27	101.41	134.23
印度尼西亚	INDONESIA	60.87	62.20	60.53	56.69	54.48	63.29
马来西亚	MALAYSIA	124.51	123.55	120.65	112.96	107.55	116.39
菲 律 宾	PHILIPPINES	89.43	96.20	99.67	96.79	100.40	113.47
新 加 坡	SINGAPORE	106.30	102.77	96.66	97.14	90.53	92.19
泰 国	THAILAND	60.80	64.76	65.17	61.31	64.15	74.90
印 度	INDIA	60.65	61.02	67.67	70.99	73.05	79.91
其 他	OTHERS	278.69	294.53	308.83	342.08	376.24	715.74
欧 洲	**EUROPE**	**591.08**	**592.16**	**566.00**	**548.41**	**489.14**	**543.99**
英 国	UNITED KINGDOM	59.57	61.84	62.50	60.47	57.96	59.43
法 国	FRANCE	49.31	52.48	53.35	51.70	48.69	50.35
德 国	GERMANY	63.70	65.96	64.93	66.26	62.34	62.27
意 大 利	ITALY	23.50	25.20	25.12	25.31	24.61	26.68
瑞 士	SWITZERLAND	7.53	8.28	8.06	7.95	7.27	7.26
瑞 典	SWEDEN	17.01	17.16	15.90	14.20	11.84	11.52
荷 兰	NETHERLANDS	19.75	19.55	18.86	18.04	18.18	19.95
俄 罗 斯	RUSSIA	253.63	242.62	218.63	204.58	158.23	197.60
其 他	OTHERS	97.06	99.08	98.67	99.88	100.02	108.95
美 洲	**AMERICA**	**320.10**	**317.95**	**312.38**	**310.65**	**311.53**	**337.88**
美 国	U.S.A.	211.61	211.81	208.53	209.32	208.58	224.78
加 拿 大	CANADA	74.80	70.83	68.42	66.71	67.98	74.08
其 他	OTHERS	33.69	35.32	35.44	34.63	34.98	39.02
大 洋 洲	**OCEANIA**	**85.93**	**91.49**	**86.34**	**81.01**	**77.64**	**82.35**
澳大利亚	AUSTRALIA	72.62	77.43	72.31	67.21	63.73	67.32
新 西 兰	NEW ZEALAND	12.09	12.83	12.86	12.66	12.54	13.60
其 他	OTHERS	1.22	1.23	1.17	1.14	1.36	1.42
非 洲	**AFRICA**	**48.88**	**52.49**	**55.27**	**59.69**	**58.02**	**58.86**
其 他	**OTHERS**	**0.19**	**0.19**	**0.22**	**0.18**	**0.21**	**0.22**

资料来源：公安部

SOURCE：MINISTRY OF PUBLIC SECURITY

注：*含边民来华旅游人数

NOTE: * INCLUDING INTERNATIONAL ARRIVALS FROM THE BORDER AREAS TO CHINA

二、入境外国游客主要特征

2. MAJOR PROFILE OF FOREIGN VISITOR ARRIVALS

2-1 2015~2016年入境外国游客人数
（按年龄、性别、目的和入境方式分）
FOREIGN VISITOR ARRIVALS BY AGE, SEX, PURPOSE & MODE OF TRANSPORT 2015—2016

单 位：万人次
UNIT：10000 PERSON-TIMES

项 目 ITEM		2016年* 2016	占总人数比重(%) P.C. TOTAL	2015年 2015	占总人数比重(%) P.C. TOTAL
总 计	**TOTAL**	**3 148.38**	**100.0**	**2 598.54**	**100.0**
14岁及以下	UNDER 14	114.73	3.6	101.43	3.9
15~24岁	15-24	303.32	9.6	205.03	7.9
25~44岁	25-44	1 473.56	46.8	1 184.25	45.6
45~64岁	45-64	1 078.39	34.3	949.76	36.5
65岁及以上	OVER 65	178.37	5.7	158.07	6.1
男 性	MALE	1 982.04	63.0	1 681.19	64.7
女 性	FEMALE	1 166.33	37.0	917.35	35.3
会议/商务	MEETING/BUSINESS	579.74	18.4	537.66	20.7
观光休闲	SIGHTSEEING/LEISURE	1 051.15	33.4	824.88	31.7
探亲访友	VISITING RELATIVES & FRIENDS	96.19	3.1	79.75	3.1
服务员工	WORKERS & CREWS	471.75	15.0	349.69	13.5
其 他	OTHERS	949.55	30.1	806.57	31.0
船 舶	SEA	284.49	9.0	250.55	9.6
飞 机	AIR	1 691.12	53.7	1 557.14	59.9
火 车	RAIL	41.98	1.3	45.54	1.8
汽 车	MOTOR	442.74	14.1	324.87	12.5
徒 步	FOOT	688.05	21.9	420.44	16.2

资料来源：公安部
SOURCE：MINISTRY OF PUBLIC SECURITY
注：*含边民来华旅游人数
NOTE: * INCLUDING INTERNATIONAL ARRIVALS FROM THE BORDER AREAS TO CHINA

2-2 2016年各月入境外国

MONTHLY FOREIGN VISITOR

月 份 MONTH	合 计* TOTAL	会议/商务 MEETING/ BUSINESS
全 年 WHOLE YEAR	**3 148.38**	**579.74**
一 月 JAN.	208.76	42.44
二 月 FEB.	169.73	28.27
三 月 MAR.	243.77	50.50
四 月 APR.	252.57	54.29
五 月 MAY	239.41	48.76
六 月 JUNE	232.92	47.62
七 月 JULY	238.37	47.43
八 月 AUG.	239.47	44.93
九 月 SEP.*	269.41	47.84
十 月 OCT.*	374.89	62.90
十一月 NOV.*	342.75	57.46
十二月 DEC.*	336.33	47.31

资料来源：公安部
SOURCE：MINISTRY OF PUBLIC SECURITY
注：*含边民来华旅游人数
NOTE: * INCLUDING INTERNATIONAL ARRIVALS FROM THE BORDER AREAS TO CHINA

游客人数（按目的分）
ARRIVALS BY PURPOSE 2016

单　位：万人次
UNIT：10000 PERSON-TIMES

观光休闲 SIGHTSEEING/ LEISURE	探亲访友 VISITING RELATIVES& FRIENDS	服务员工 WORKERS & CREWS	其　他 OTHERS
1 051.16	**96.19**	**471.75**	**949.55**
55.52	7.10	30.46	73.23
43.49	7.27	27.45	63.27
79.79	8.02	33.97	71.49
86.14	7.51	34.52	70.10
80.08	7.15	35.95	67.49
74.74	8.60	37.53	64.44
76.10	10.56	39.46	64.82
70.00	8.09	38.65	77.80
94.07	7.96	40.90	78.64
143.19	7.67	51.38	109.74
125.14	6.83	50.08	103.23
122.89	9.44	51.40	105.29

2-3 2016 年各月入境外国游客人数
（按年龄和性别分）

MONTHLY FOREIGN VISITOR ARRIVALS BY AGE & SEX 2016

单 位：万人次

UNIT：10000 PERSON-TIMES

月 份 MONTH	合 计* TOTAL	年 龄 AGE					性 别 SEX	
		14岁及以下 UNDER 14	15~24岁 15-24	25~44岁 25-44	45~64岁 45-64	65岁及以上 OVER 65	男 性 MALE	女 性 FEMALE
全 年 WHOLE YEAR	**3 148.38**	**114.73**	**303.32**	**1 473.56**	**1 078.39**	**178.37**	**1 982.05**	**1 166.34**
一 月 JAN.	208.76	8.57	17.14	99.51	74.16	9.38	136.14	72.62
二 月 FEB.	169.73	8.91	16.75	78.76	57.76	7.55	108.64	61.09
三 月 MAR.	243.77	7.71	18.57	111.25	89.54	16.71	157.30	86.47
四 月 APR.	252.57	7.57	15.22	114.34	96.48	18.96	163.54	89.02
五 月 MAY	239.41	7.78	16.73	108.74	89.38	16.78	154.05	85.37
六 月 JUNE	232.92	10.45	19.12	104.11	85.17	14.08	149.19	83.73
七 月 JULY	238.37	14.09	23.77	106.93	81.98	11.61	150.39	87.99
八 月 AUG.	239.47	13.12	25.63	108.77	80.88	11.07	150.97	88.50
九 月 SEP.*	269.41	7.21	26.61	124.58	93.22	17.79	167.70	101.72
十 月 OCT.*	374.89	9.38	40.15	179.71	122.62	23.03	229.22	145.67
十一月 NOV.*	342.75	7.29	38.20	169.11	109.83	18.32	211.76	130.98
十二月 DEC.*	336.33	12.66	45.44	167.76	97.38	13.09	203.15	133.18

资料来源：公安部

SOURCE：MINISTRY OF PUBLIC SECURITY

注：*含边民来华旅游人数

NOTE: * INCLUDING INTERNATIONAL ARRIVALS FROM THE BORDER AREAS TO CHINA

2-4　2016年各月入境外国游客人数
（按入境方式分）
MONTHLY FOREIGN VISITOR ARRIVALS BY MODE OF TRANSPORT 2016

单　位：万人次
UNIT：10000 PERSON-TIMES

月　份 MONTH	总　计* TOTAL	船舶 SEA	飞机 AIR	火车 RAIL	汽车 MOTOR	徒步 FOOT
全　年 WHOLE YEAR	**3 148.38**	**284.49**	**1 691.12**	**41.98**	**442.74**	**688.05**
一　月　JAN.	208.76	19.87	119.58	3.26	30.19	35.86
二　月　FEB.	169.73	16.79	106.80	2.54	17.61	26.00
三　月　MAR.	243.77	23.37	147.53	3.68	31.75	37.45
四　月　APR.	252.57	24.11	152.52	4.86	33.25	37.83
五　月　MAY	239.41	24.71	145.80	3.40	30.13	35.37
六　月　JUNE	232.92	26.20	137.68	3.25	31.23	34.56
七　月　JULY	238.37	27.26	141.36	3.24	30.94	35.57
八　月　AUG.	239.47	26.10	143.30	3.16	34.35	32.57
九　月　SEP.*	269.41	24.38	146.96	3.25	37.16	57.67
十　月　OCT.*	374.89	26.85	170.63	4.71	55.41	117.28
十一月　NOV.*	342.75	23.44	143.22	3.50	55.14	117.45
十二月　DEC.*	336.33	21.41	135.76	3.14	55.58	120.43

资料来源：公安部
SOURCE：MINISTRY OF PUBLIC SECURITY
注：*含边民来华旅游人数
NOTE: * INCLUDING INTERNATIONAL ARRIVALS FROM THE BORDER AREAS TO CHINA

2-5　2016 年入境外国游客
FOREIGN VISITOR ARRIVALS

国　籍 NATIONALITY		合　计* TOTAL	会议/商务 MEETING/BUSINESS
总　　计	**TOTAL**	**3 148.38**	**579.74**
亚　　洲	**ASIA**	**2 125.08**	**327.19**
日　　本	JAPAN	258.74	77.79
韩　　国	KOREA	476.22	101.45
蒙　　古	MONGOLIA	134.23	9.48
印度尼西亚	INDONESIA	63.29	3.14
马来西亚	MALAYSIA	116.39	16.79
菲 律 宾	PHILIPPINES	113.47	3.22
新 加 坡	SINGAPORE	92.19	21.04
泰　　国	THAILAND	74.90	4.67
印　　度	INDIA	79.91	20.91
其　　他	OTHERS	715.74	68.70
欧　　洲	**EUROPE**	**543.99**	**160.85**
英　　国	UNITED KINGDOM	59.43	15.00
法　　国	FRANCE	50.35	9.88
德　　国	GERMANY	62.27	21.45
意 大 利	ITALY	26.68	6.61
瑞　　士	SWITZERLAND	7.26	1.89
瑞　　典	SWEDEN	11.52	3.43
荷　　兰	NETHERLANDS	19.95	4.46
俄 罗 斯	RUSSIA	197.60	72.96
其　　他	OTHERS	108.95	25.17
美　　洲	**AMERICA**	**337.88**	**54.72**
美　　国	U.S.A.	224.78	38.12
加 拿 大	CANADA	74.08	7.98
其　　他	OTHERS	39.02	8.62
大 洋 洲	**OCEANIA**	**82.35**	**14.43**
澳大利亚	AUSTRALIA	67.32	11.69
新 西 兰	NEW ZEALAND	13.60	2.48
其　　他	OTHERS	1.42	0.27
非　　洲	**AFRICA**	**58.86**	**22.51**
其　　他	**OTHERS**	**0.22**	**0.04**

资料来源：公安部
SOURCE：MINISTRY OF PUBLIC SECURITY
注：*含边民来华旅游人数
NOTE: * INCLUDING INTERNATIONAL ARRIVALS FROM THE BORDER AREAS TO CHINA

人数（按国籍和目的分）
BY NATIONALITY & PURPOSE 2016

单　位：万人次
UNIT：10000 PERSON-TIMES

观光休闲 SIGHTSEEING/ LEISURE	探亲访友 VISITING RELATIVES & FRIENDS	服务员工 WORKERS & CREWS	其　他 OTHERS
1 051.15	**96.19**	**471.75**	**949.55**
726.26	**23.88**	**368.35**	**679.39**
40.19	6.17	13.45	121.14
239.77	4.16	41.54	89.30
8.56	0.05	38.20	77.94
32.41	0.38	21.81	5.54
69.24	1.66	11.91	16.80
19.99	0.29	80.61	9.37
24.15	6.18	7.15	33.67
42.50	0.33	20.16	7.24
16.01	0.36	22.73	19.91
233.46	4.31	110.79	298.48
171.59	**13.69**	**69.84**	**128.03**
18.35	3.29	5.05	17.73
14.34	1.92	3.77	20.44
11.19	2.63	4.23	22.76
7.89	0.45	3.83	7.91
2.41	0.35	0.68	1.92
2.75	0.80	0.86	3.69
4.74	1.18	2.21	7.37
81.47	0.45	25.77	16.94
28.46	2.62	23.44	29.26
118.30	**44.50**	**22.50**	**97.86**
85.73	23.01	15.00	62.92
20.09	19.37	3.22	23.42
12.48	2.12	4.28	11.52
23.70	**13.55**	**4.18**	**26.48**
20.35	11.46	2.99	20.84
3.14	1.98	0.73	5.26
0.21	0.10	0.47	0.38
11.21	**0.56**	**6.86**	**17.72**
0.09	**0.01**	**0.02**	**0.06**

2-6 2016年入境外国游客
FOREIGN VISITOR ARRIVALS

国籍 NATIONALITY		合计* TOTAL	年龄	
			14岁及以下 UNDER 14	15~24岁 15–24
总计	**TOTAL**	**3 148.38**	**114.73**	**303.32**
亚洲	**ASIA**	**2 125.08**	**61.43**	**222.75**
日本	JAPAN	258.74	9.83	9.23
韩国	KOREA	476.22	19.21	32.40
蒙古	MONGOLIA	134.23	4.12	9.54
印度尼西亚	INDONESIA	63.29	1.81	7.91
马来西亚	MALAYSIA	116.39	4.47	8.41
菲律宾	PHILIPPINES	113.47	1.28	7.67
新加坡	SINGAPORE	92.19	5.01	5.10
泰国	THAILAND	74.90	1.58	5.81
印度	INDIA	79.91	2.08	6.36
其他	OTHERS	715.74	12.05	130.32
欧洲	**EUROPE**	**543.99**	**19.17**	**45.95**
英国	UNITED KINGDOM	59.43	2.90	4.33
法国	FRANCE	50.35	2.82	4.24
德国	GERMANY	62.27	2.43	4.19
意大利	ITALY	26.68	0.63	1.60
瑞士	SWITZERLAND	7.26	0.26	0.45
瑞典	SWEDEN	11.52	0.60	0.84
荷兰	NETHERLANDS	19.95	0.84	1.63
俄罗斯	RUSSIA	197.60	5.61	19.49
其他	OTHERS	108.95	3.08	9.19
美洲	**AMERICA**	**337.88**	**25.51**	**24.81**
美国	U.S.A.	224.78	15.90	16.03
加拿大	CANADA	74.08	6.80	5.48
其他	OTHERS	39.02	2.81	3.31
大洋洲	**OCEANIA**	**82.35**	**7.69**	**5.70**
澳大利亚	AUSTRALIA	67.32	6.02	4.52
新西兰	NEW ZEALAND	13.60	1.62	1.02
其他	OTHERS	1.42	0.04	0.17
非洲	**AFRICA**	**58.86**	**0.92**	**4.09**
其他	**OTHERS**	**0.22**	**0.00**	**0.01**

资料来源：公安部

SOURCE: MINISTRY OF PUBLIC SECURITY

注：*含边民来华旅游人数

NOTE: * INCLUDING INTERNATIONAL ARRIVALS FROM THE BORDER AREAS TO CHINA

人数（按国籍、年龄和性别分）

BY NATIONALITY，AGE & SEX 2016

单　位：万人次

UNIT：10000 PERSON-TIMES

AGE			性　别　SEX	
25~44岁 25-44	**45~64岁** 45-64	**65岁及以上** OVER 65	**男　性** MALE	**女　性** FEMALE
1 473.56	**1 078.39**	**178.37**	**1 982.04**	**1 166.33**
1 058.17	**677.83**	**104.90**	**1 350.15**	**774.93**
97.20	119.17	23.32	202.42	56.33
172.59	211.64	40.38	287.08	189.14
82.06	37.24	1.27	85.02	49.21
33.16	16.52	3.89	38.00	25.29
50.68	43.23	9.59	70.24	46.15
74.39	28.50	1.64	90.15	23.32
32.00	40.94	9.14	58.43	33.76
39.48	22.72	5.31	34.95	39.96
52.07	17.72	1.69	68.92	11.00
424.55	140.14	8.68	414.95	300.78
242.14	**206.71**	**30.02**	**334.10**	**209.89**
22.72	24.77	4.72	40.88	18.55
22.56	17.45	3.28	33.14	17.21
25.40	27.16	3.09	46.08	16.19
12.42	10.52	1.50	20.49	6.19
2.61	3.27	0.67	5.11	2.14
4.31	5.00	0.76	7.80	3.72
7.82	8.45	1.21	13.40	6.54
88.30	73.81	10.39	92.12	105.47
56.00	36.29	4.39	75.07	33.88
109.35	**143.84**	**34.37**	**206.33**	**131.54**
66.63	100.35	25.87	139.66	85.12
23.05	31.96	6.79	41.33	32.75
19.67	11.53	1.70	25.34	13.68
27.13	**33.70**	**8.13**	**49.43**	**32.92**
22.16	27.64	6.98	40.35	26.98
4.25	5.60	1.11	8.04	5.56
0.71	0.46	0.04	1.04	0.38
36.71	**16.21**	**0.93**	**41.88**	**16.99**
0.07	**0.10**	**0.02**	**0.15**	**0.07**

2-7 2016年入境外国游客人数（按国籍和入境方式分）

FOREIGN VISITOR ARRIVALS BY NATIONALITY & MODE OF TRANSPORT 2016

单　位：万人次

UNIT：10000 PERSON-TIMES

国籍 NATIONALITY	总计* TOTAL	船舶 SEA	飞机 AIR	火车 RAIL	汽车 MOTOR	徒步 FOOT
总　计 TOTAL	**3 148.38**	**284.49**	**1 691.12**	**41.98**	**442.74**	**688.05**
亚　洲 ASIA	**2 125.08**	**205.16**	**1 039.27**	**21.14**	**261.42**	**598.09**
日　本 JAPAN	258.74	9.16	204.07	2.89	17.07	25.56
韩　国 KOREA	476.22	29.22	414.74	1.53	9.17	21.55
蒙　古 MONGOLIA	134.23	0.08	6.73	4.68	117.91	4.83
印度尼西亚 INDONESIA	63.29	19.40	27.47	1.03	5.27	10.12
马来西亚 MALAYSIA	116.39	5.19	88.44	0.98	5.79	15.98
菲律宾 PHILIPPINES	113.47	78.02	21.19	0.61	3.75	9.90
新加坡 SINGAPORE	92.19	3.44	67.64	0.94	6.25	13.92
泰　国 THAILAND	74.90	4.01	54.70	0.37	3.27	12.55
印　度 INDIA	79.91	24.75	38.29	1.36	5.45	10.06
其　他 OTHERS	715.74	31.89	115.99	6.75	87.49	473.62
欧　洲 EUROPE	**543.99**	**55.31**	**299.59**	**10.62**	**139.97**	**38.49**
英　国 UNITED KINGDOM	59.43	4.49	40.66	1.80	5.07	7.41
法　国 FRANCE	50.35	1.86	40.31	1.12	3.41	3.64
德　国 GERMANY	62.27	2.42	53.32	0.81	2.92	2.79
意大利 ITALY	26.68	3.51	19.25	0.51	1.68	1.72
瑞　士 SWITZERLAND	7.26	0.35	5.80	0.17	0.45	0.49
瑞　典 SWEDEN	11.52	0.76	9.21	0.24	0.59	0.73
荷　兰 NETHERLANDS	19.95	0.68	15.94	0.43	1.18	1.71
俄罗斯 RUSSIA	197.60	22.56	41.30	3.86	119.77	10.10
其　他 OTHERS	108.95	18.69	73.80	1.68	4.89	9.89
美　洲 AMERICA	**337.88**	**16.44**	**246.67**	**6.89**	**31.63**	**36.25**
美　国 U.S.A.	224.78	9.53	171.35	3.68	19.83	20.38
加拿大 CANADA	74.08	3.38	49.89	1.89	8.24	10.68
其　他 OTHERS	39.02	3.52	25.43	1.32	3.55	5.19
大洋洲 OCEANIA	**82.35**	**4.98**	**57.24**	**2.26**	**7.30**	**10.58**
澳大利亚 AUSTRALIA	67.32	3.91	46.97	1.81	5.93	8.70
新西兰 NEW ZEALAND	13.60	0.60	9.73	0.42	1.18	1.68
其　他 OTHERS	1.42	0.47	0.54	0.03	0.19	0.19
非　洲 AFRICA	**58.86**	**2.57**	**48.23**	**1.07**	**2.40**	**4.59**
其　他 OTHERS	**0.22**	**0.03**	**0.12**	**0.00**	**0.02**	**0.05**

资料来源：公安部

SOURCE：MINISTRY OF PUBLIC SECURITY

注：*含边民来华旅游人数

NOTE: * INCLUDING INTERNATIONAL ARRIVALS FROM THE BORDER AREAS TO CHINA

三、国际旅游（外汇）收入

3. INTERNATIONAL TOURISM RECEIPTS

3-1 1978~2016 年国际旅游（外汇）收入
INTERNATIONAL TOURISM RECEIPTS 1978—2016

年份 YEAR	国际旅游（外汇）收入 （亿美元） TOURISM RECEIPTS（100Mn. US $）	发展指数 （1978年为100） INDICES（1978＝100）	比上年增长 （%） GROWTH（%）
1978	2.63	100.00	—
1979	4.49	170.90	70.9
1980	6.17	234.60	37.3
1981	7.85	298.60	27.3
1982	8.43	320.70	7.4
1983	9.41	358.00	11.6
1984	11.31	430.30	20.2
1985	12.50	475.50	10.5
1986	15.31	582.30	22.5
1987	18.62	708.10	21.6
1988	22.47	854.60	20.7
1989	18.60	707.70	-17.2
1990	22.18	843.50	19.2
1991	28.45	1 082.10	28.3
1992	39.47	1 501.30	38.7
1993	46.83	1 781.40	18.7
1994	73.23	2 785.40	*
1995	87.33	3 321.70	19.3
1996	102.00	3 879.98	16.8
1997	120.74	4 592.67	18.4
1998	126.02	4 793.36	4.4

3-1（续 1）

年份 YEAR	国际旅游（外汇）收入 （亿美元） TOURISM RECEIPTS（100Mn. US $）	发展指数 （1978年为100） INDICES（1978=100）	比上年增长 （%） GROWTH（%）
1999	140.99	5 362.70	11.9
2000	162.24	6 171.17	15.1
2001	177.92	6 767.59	9.7
2002	203.85	7 753.90	14.6
2003	174.06	6 620.82	-14.6
2004	257.39	9 790.35	47.9
2005	292.96	11 143.38	13.8
2006	339.49	12 913.28	15.9
2007	419.19	15 944.81	23.5
2008	408.43	15 535.43	-2.6
2009	396.75	15 091.29	-2.9
2010	458.14	17 419.77	15.5
2011	484.64	18 434.33	5.8
2012	500.28	19 029.29	3.2
2013	516.64	19 651.40	3.3
2014	1 053.80	40 083.70	*
2015	1 136.50	43 229.40	7.8
2016	1 200.00	45 626.50	5.6

注：*由于国家外汇管理体制变化，1994年国际旅游（外汇）收入统计方法也做了相应的改革，采用了与国际接轨的办法，与往年不能简单对比。

NOTE：*BECAUSE OF THE REFORM IN THE FOREIGN CURRENCY CONTROL SYSTEM,THE METHOD OF CALCULATING TOURISM RECEIPTS IN 1994 HAS ALSO BEEN ADJUSTED AND THE INTERNATIONAL STANDARD IS ADOPTED.IT IS NOT PROPER TO MAKE SIMPLE COMPARISON WITH THE FIGURES OF PREVIOUS YEARS.

注：*由于2014年国际旅游（外汇）收入统计口径有所调整，数据不能与往年简单对比。

NOTE：*DUE TO THE CHANGE OF STATISTICAL SCOPE IN 2014, IT IS NOT PROPER TO MAKE SIMPLE COMPARISON WITH THE FIGURES OF PREVIOUS YEARS.

3-2 2016年国际旅游（外汇）收入构成
BREAKDOWN OF INTERNATIONAL TOURISM RECEIPTS 2016

单 位：亿美元
UNIT：100Mn.US $

	入境旅游收入 TOURISM RECEIPTS	占总收入比重（%） P.C. TOTAL
总 计 TOTAL	**1 200.00**	**100.0**
一、长途交通 LONG-DISTANCE TRANSPORTATION	446.47	37.2
1.民航 AIR	290.6	24.2
2.铁路 RAIL	53.2	4.4
3.汽车 MOTOR	31.6	2.6
4.轮船 SEA	71.0	5.9
二、住宿 ACCOMMODATION	116.3	9.7
三、餐饮 FOOD & BEVERAGE	96.2	8.0
四、游览 SIGHTSEEING	67.1	5.6
五、娱乐 ENTERTAINMENT	77.1	6.4
六、商品销售 SHOPPING	209.5	17.5
七、市内交通 LOCAL TRANSPORTATION	40.4	3.4
八、邮电通信 COMMUNICATION	28.9	2.4
九、其他服务 OTHERS	118.0	9.8

说明：上述数据为在华（内地）停留时间在12个月以内的入境游客抽样调查数据
NOTE：THE ABOVE DATA ARE SAMPLE SURVEY DATA ON INBOUND VISITORS WHO STAY IN MAINLAND CHINA FOR LESS THAN 12 MONTHS

3-3 2016年各月国际旅游（外汇）收入

MONTHLY OF INTERNATIONAL TOURISM RECEIPTS 2016

单 位：亿美元

UNIT：100 MILLION. US $

月 份 MONTH	总 计 TOTAL	外国人 FOREIGNERS	香港同胞 HONG KONG COMPATRIOTS	澳门同胞 MACAO COMPATRIOTS	台湾同胞 TAIWAN COMPATRIOTS
全 年 WHOLE YEAR	**1 200.00**	**668.34**	**305.45**	**76.48**	**149.73**
一 月 JAN.	90.93	49.74	23.94	6.61	10.64
二 月 FEB.	79.86	39.73	21.97	6.01	12.15
三 月 MAR.	103.35	58.51	26.96	6.61	11.27
四 月 APR.	105.80	60.80	25.77	6.55	12.69
五 月 MAY	100.50	56.77	24.92	6.08	12.74
六 月 JUNE	98.36	54.55	24.56	6.28	12.98
七 月 JULY	101.21	55.54	25.18	6.63	13.86
八 月 AUG.	99.26	56.06	23.97	5.99	13.23
九 月 SEP.	101.41	56.38	26.12	6.52	12.38
十 月 OCT.	113.32	66.64	26.30	6.54	13.84
十一月 NOV.	103.28	58.39	26.86	5.68	12.34
十二月 DEC.	102.70	55.22	28.89	6.99	11.60

说明：上述数据为在华（内地）停留时间在12个月以内的入境游客抽样调查数据

NOTE：THE ABOVE DATA ARE SAMPLE SURVEY DATA ON INBOUND VISITORS WHO STAY IN MAINLAND CHINA FOR LESS THAN 12 MONTHS

3-4 2016年入境过夜游客人均天花费情况（按地区分）
THE AVERAGE DAILY PER CAPITA EXPENDITURE BY INTERNATIONAL TOURISTS 2016

地区 LOCALITY	人均天花费（美元/人天）（US $ /DAILY PER CAPITA）	AVERAGE EXPENDITURE			
		外国人 FOREIGN-ERS	香港同胞 HONGKONG COMPATRIOTS	澳门同胞 MACAO COMPATRIOTS	台湾同胞 TAIWAN COMPATRIOTS
北　京 BEIJING	264.42	265.52	250.03	272.62	253.22
天　津 TIANJIN	219.35	220.89	211.76	210.54	217.46
河　北 HEBEI	176.43	176.55	181.30	178.75	167.34
山　西 SHANXI	185.94	187.34	186.67	169.79	186.20
内蒙古 INNER MONGOLIA	200.76	202.41	178.72	205.05	195.27
辽　宁 LIAONING	212.63	214.95	197.96	202.37	193.06
吉　林 JILIN	183.53	183.45	182.32	170.63	191.62
黑龙江 HEILONGJIANG	200.30	205.86	193.89	176.69	176.90
上　海 SHANGHAI	274.35	271.92	296.24	291.96	286.33
江　苏 JIANGSU	239.96	241.34	236.08	231.04	238.24
浙　江 ZHEJIANG	222.87	224.24	225.78	224.50	209.61
安　徽 ANHUI	195.99	195.67	193.33	196.73	203.03
福　建 FUJIAN	201.78	214.51	179.04	202.01	191.10
江　西 JIANGXI	170.95	176.68	158.94	157.92	168.39
山　东 SHANDONG	211.51	214.80	214.85	177.51	200.08

3-4（续1）

地　　区 LOCALITY	人均天花费（美元/人天）（US $ /DAILY PER CAPITA）	AVERAGE EXPENDITURE			
		外国人 FOREIGN-ERS	香港同胞 HONGKONG COMPATRIOTS	澳门同胞 MACAO COMPATRIOTS	台湾同胞 TAIWAN COMPATRIOTS
河　　南 HENAN	166.23	166.67	162.81	148.28	175.83
湖　　北 HUBEI	198.95	210.11	172.16	183.73	195.79
湖　　南 HUNAN	198.48	198.62	197.10	193.71	201.43
广　　东 GUANGDONG	180.16	195.63	162.23	170.69	176.71
广　　西 GUANGXI	193.94	190.85	197.66	193.75	207.38
海　　南 HAINAN	189.59	189.82	184.50	194.38	192.83
重　　庆 CHONGQING	196.16	198.61	172.43	174.16	197.55
四　　川 SICHUAN	193.32	192.96	192.35	194.31	196.34
贵　　州 GUIZHOU	189.29	192.27	177.12	177.63	185.91
云　　南 YUNNAN	206.76	210.21	189.34	187.11	198.83
西　　藏 TIBET	201.58	205.49	152.93	153.99	181.84
陕　　西 SHAANXI	195.17	195.01	199.21	200.72	217.09
甘　　肃 GANSU	165.74	175.18	144.61	154.91	158.87
青　　海 QINGHAI	166.28	168.11	157.83	150.98	165.77
宁　　夏 NINGXIA	173.21	176.14	127.71	141.09	133.89
新　　疆 XINJIANG	180.51	180.60	179.90	175.00	183.26

资料来源:2016年“入境游客花费情况抽样调查”
SOURCE:THE 2016 SAMPLING OF EXPENDITURES BY INTERNATIONAL VISITORS IN CHINA
说明：上述数据为在华（内地）停留时间在3个月以内的入境游客抽样调查数据
NOTE：THE ABOVE DATA ARE SAMPLE SURVEY DATA ON INBOUND VISITORS WHO STAY IN MAINLAND CHINA FOR LESS THAN 3 MONTHS

3-5 2016年入境过夜游客

BREAKDOWN OF THE AVERAGE DAILY PER CAPITA

地 区 LOCALITY	人均天花费 （美元/人天） EXPENDITURE （US $ /DAILY PER CAPITA）	人均天消费构成（%）		
		长途交通 LONG-DISTANCE TRANSPORTATION	游 览 SIGHTSEEING	住 宿 ACCOMMO-DATION
北 京 BEIJING	264.42	36.4	3.2	12.4
天 津 TIANJIN	219.35	40.1	3.6	14.3
河 北 HEBEI	176.43	31.5	6.2	14.6
山 西 SHANXI	185.94	32.7	4.5	11.2
内蒙古 INNER MONGOLIA	200.76	25.5	3.8	10.7
辽 宁 LIAONING	212.63	38.4	4.6	10.4
吉 林 JILIN	183.53	37.7	4.9	10.7
黑龙江 HEILONGJIANG	200.30	37.5	4.6	11.4
上 海 SHANGHAI	274.35	35.9	6.0	19.7
江 苏 JIANGSU	239.96	28.1	4.0	17.1
浙 江 ZHEJIANG	222.87	36.8	3.7	14.2
安 徽 ANHUI	195.99	39.3	3.8	8.8
福 建 FUJIAN	201.78	35.7	4.2	13.5
江 西 JIANGXI	170.95	36.0	3.9	10.5
山 东 SHANDONG	211.51	37.7	4.1	13.2

人均天花费构成

EXPENDITURE BY INTERNATIONAL TOURISTS 2016

BREAKDOWN OF EXPENDITURE (%)					
餐 饮 FOOD & BEVERAGE	购 物 SHOPPING	娱 乐 ENTER-TAINMENT	邮电通信 COMMU-NICATION	市内交通 LOCAL TRANS-PORTATION	其他服务 OTHERS
6.2	20.5	4.3	2.5	2.5	11.9
7.5	14.0	4.5	1.5	2.1	12.5
8.9	16.3	5.8	4.2	2.6	10.0
6.8	19.6	4.7	4.8	2.5	13.1
6.8	27.9	8.7	2.7	2.4	11.7
7.9	18.4	4.7	2.3	2.6	10.6
5.2	22.2	4.7	1.8	2.5	10.2
5.8	20.6	3.6	2.4	2.7	11.4
7.2	14.5	6.2	1.7	3.3	5.5
8.1	19.7	6.7	2.9	2.4	11.0
8.0	17.4	4.7	2.3	2.2	10.6
5.6	19.6	5.0	2.6	2.3	13.0
8.6	17.6	5.4	2.0	2.0	10.9
7.4	27.1	3.6	2.0	2.3	7.2
6.5	17.1	4.8	2.9	2.1	11.7

3-5（续1）

地　区 LOCALITY	人均天花费 （美元/人天） EXPENDITURE （US $ /DAILY PER CAPITA）	人均天消费构成（%）		
		长途交通 LONG-DISTANCE TRANSPORTATION	游　览 SIGHTSEEING	住　宿 ACCOMMO-DATION
河　　南 HENAN	166.23	31.3	4.0	8.9
湖　　北 HUBEI	198.95	34.5	3.2	7.8
湖　　南 HUNAN	198.48	35.1	2.8	6.7
广　　东 GUANGDONG	180.16	33.7	3.3	13.3
广　　西 GUANGXI	193.94	34.3	4.6	11.2
海　　南 HAINAN	189.59	40.0	4.1	13.2
重　　庆 CHONGQING	196.16	35.9	4.3	13.8
四　　川 SICHUAN	193.32	34.1	4.9	13.7
贵　　州 GUIZHOU	189.29	25.9	5.7	7.8
云　　南 YUNNAN	206.76	34.7	4.8	13.4
西　　藏 TIBET	201.58	22.5	11.7	12.4
陕　　西 SHAANXI	195.17	34.5	4.3	14.8
甘　　肃 GANSU	165.74	37.1	8.6	14.9
青　　海 QINGHAI	166.28	32.2	4.1	10.2
宁　　夏 NINGXIA	173.21	30.5	6.1	13.6
新　　疆 XINJIANG	180.51	42.1	2.3	9.0

资料来源:2016年“入境游客花费情况抽样调查”
SOURCE:THE 2016 SAMPLING OF EXPENDITURES BY INTERNATIONAL VISITORS IN CHINA
说明：上述数据为在华（内地）停留时间在3个月以内的入境游客抽样调查数据
NOTE：THE ABOVE DATA ARE SAMPLE SURVEY DATA ON INBOUND VISITORS WHO STAY IN MAINLAND CHINA FOR LESS THAN 3 MONTHS

BREAKDOWN OF EXPENDITURE (%)					
餐 饮 FOOD & BEVERAGE	购 物 SHOPPING	娱 乐 ENTER-TAINMENT	邮电通信 COMMU-NICATION	市内交通 LOCAL TRANS-PORTATION	其他服务 OTHERS
5.2	24.6	3.8	3.8	2.4	16.2
5.3	20.0	3.7	3.1	1.9	20.4
4.3	25.8	3.4	2.8	2.2	16.9
8.9	20.9	5.5	2.0	2.2	10.2
7.9	20.9	5.3	2.0	2.3	11.6
8.1	17.1	3.9	2.2	2.3	9.2
7.8	18.5	6.2	2.0	2.2	9.3
6.7	22.3	3.6	1.8	2.8	10.2
5.5	31.0	3.1	2.7	2.2	16.0
7.0	24.0	5.6	1.6	2.3	6.6
6.7	22.0	6.2	2.1	3.5	13.0
6.1	16.9	4.1	3.0	2.6	13.7
8.5	15.6	4.7	2.0	3.0	5.6
4.7	23.9	3.5	3.6	2.2	15.6
4.4	16.8	3.9	3.2	2.6	18.9
6.6	18.1	2.6	4.7	1.3	13.3

3-6 2016年入境过夜游客
（按年龄、性别、
THE AVERAGE DAILY PER CAPITA
TOURISTS 2016（BY AGE，SEX，

		人均天花费 EXPENDITURE	外国人 FOREIGNERS
总平均	**AVERAGE TOTAL**	**219.84**	**243.57**
按年龄分	**AGE**		
14岁及以下	UNDER 14	255.45	321.48
15~24岁	15–24	197.89	217.61
25~44岁	25–44	217.54	245.08
45~64岁	45–64	234.34	252.41
65岁及以上	OVER 65	213.98	239.73
按性别分	**SEX**		
男　性	MALE	218.84	241.59
女　性	FEMALE	221.07	246.07
按职业分	**OCCOPATZON**		
政府工作人员	OFFICIAL	247.87	253.84
专业技术人员	PROFESSIONAL	205.65	237.11
职　员	CLERK	231.91	261.60
技工/工人	TECHNICIAN/WORKER	200.38	215.26
商贸人员	BUSINESSMAN	225.66	235.05
服务员/推销员	WAITER/SALESMAN	215.84	249.60
退休人员	RETIRED	218.96	265.72

人均天花费情况
职业和目的分）
EXPENDITURE BY INTERNATIONAL
OCCUPATION & PURPOSE）

单　位：美元/人天
UNIT：US$/DAILY PER CAPITA

香港同胞 HONG KONG COMPATRIOTS	澳门同胞 MACAO COMPATRIOTS	台湾同胞 TAIWAN COMPATRIOTS
162.90	**135.83**	**219.94**
148.39	87.52	134.28
154.72	125.80	210.06
152.91	134.36	217.56
192.13	150.41	227.87
145.96	128.57	214.18
166.21	136.46	210.76
158.96	135.14	231.35
243.74	202.16	224.45
143.79	131.14	195.25
166.64	150.87	241.55
138.54	142.58	226.98
198.24	155.24	226.26
140.34	139.04	243.74
141.87	128.26	196.51

3-6（续1）

		人均天花费 EXPENDITURE	外国人 FOREIGNERS
家庭妇女	HOUSEWIFE	230.29	254.97
军　人	ARMYMAN	196.35	229.73
学　生	STUDENT	192.39	216.83
其　他	OTHERS	239.94	251.50
按目的分	**PORPOSE**		
观光游览	SIGHTSEEING	242.49	253.27
休闲度假	LEISURE/HOLIDAY	218.08	252.68
探亲访友	VISITING RELATIVES & FRIENDS	155.36	189.19
商　务	BUSINESS	223.90	237.60
会　议	MEETING	259.62	297.24
宗教朝拜	RELIGION/PILGRIMAGE	213.94	258.74
文体科技交流	CULTURAL/SPORTS/SCIENTIFIC EXCHANGE PROGRAMME	185.25	220.06
购　物	SHOPPING	224.11	233.63
医疗保健	HEALTH & MEDICAL CARE	227.99	273.49
其　他	OTHERS	211.24	215.66

资料来源:2016年“入境游客花费情况抽样调查”
SOURCE:THE 2016 SAMPLING OF EXPENDITURES BY INTERNATIONAL VISITORS IN CHINA
说明：上述数据为在华（内地）停留时间在3个月以内的入境游客抽样调查数据
NOTE：THE ABOVE DATA ARE SAMPLE SURVEY DATA ON INBOUND VISITORS WHO STAY IN MAINLAND CHINA FOR LESS THAN 3 MONTHS

香港同胞 HONG KONG COMPATRIOTS	澳门同胞 MACAO COMPATRIOTS	台湾同胞 TAIWAN COMPATRIOTS
149.14	137.44	259.65
111.03	86.83	246.11
153.69	91.18	174.06
218.04	146.28	217.57
226.13	162.48	238.56
151.25	127.69	209.53
120.29	94.72	197.37
171.33	146.99	212.17
185.05	154.36	253.51
117.98	134.48	259.06
134.39	81.87	137.90
239.11	171.98	287.18
147.43	198.24	69.15
204.96	126.53	239.61

四、国内旅游基本情况

4. STATISTICS OF DOMESTIC TOURISM

4-1 2016年全国国内旅游基本情况

MAJOR STATISTICS OF DOMESTIC TOURISM 2016

	总人数（亿人次）DOMESTIC VISITORS（100 MILLION PERSON-TIMES）	* 出游率（%）RATE（%）	总花费（亿元）DOMESTIC TOURISM EXPENDITURE（100 MILLION RMB ¥）	人均每次花费（元/人·次）PER CAPITA EXPENDITURE（RMB ¥ /PERSON·TIMES）
全国总计 TOTAL	**44.35**	**322.6**	**39 389.82**	**888.2**
城镇居民 URBAN RESIDENTS	**31.95**	**414.3**	**32 241.95**	**1 009.1**
一季度 JAN.-MAR.	8.41	109.0	8 855.54	1 053.4
二季度 APR.-JUNE	6.76	87.6	5 883.24	870.8
三季度 JULY-SEP.	8.72	113.1	9 324.69	1 069.6
四季度 OCT.-DEC.	8.06	104.5	8 178.48	1 014.7
农村居民 RURAL RESIDENTS	**12.40**	**205.5**	**7 147.87**	**576.4**
一季度 JAN.-MAR.	4.96	82.2	2 935.10	592.0
二季度 APR.-JUNE	2.23	37.0	1 102.54	494.1
三季度 JULY-SEP.	2.56	42.4	1 425.62	557.0
四季度 OCT.-DEC.	2.65	43.9	1 684.61	635.7

注: * 出游率指城镇居民或农村居民出游人次数占其人口数的比重

NOTE: * RATE IS THE RATIO THAT THE TOTAL AMOUNT OF THE URBAN VISITORS OR THE RURAL VISITORS COMPARES TO THE URBAN RESIDENTS OR THE RURAL RESIDENTS

4-2 2016 年城镇居民国内

COMPOSITION OF DOMESTIC URBAN

		人次数构成 P.C.TOTAL	观光游览 SIGHTSEEING
调查总平均	**GROSS AVERAGE**	**100.0**	**29.5**
按性别分	**SEX**		
男　　性	MALE	100.0	28.1
女　　性	FEMALE	100.0	31.5
按年龄分	**AGE**		
14岁及以下	UNDER 14	100.0	40.7
15~24岁	15–24	100.0	27.7
25~34岁	25–34	100.0	25.7
35~44岁	35–44	100.0	25.9
45~64岁	45–64	100.0	30.1
65 岁及以上	OVER 65	100.0	40.2
按受教育程度分	**EDUCATION LEVEL**		
初中及以下	JUNIOR SCHOOL AND BELOW	100.0	36.8
高中（中专/职高/技校）	SENIOR SECONDARY SCHOOL（TECHNICAL SECONDARY SCHOOL / VOCATIONAL HIGH SCHOOL/ TECHNICAL SCHOOL）	100.0	32.9
大学本科、大专	UNDERGRADUATE & JUNIOR COLLEGE	100.0	27.1
研究生及以上	POSTGRADUATE AND ABOVE	100.0	22.1

游客人次数构成（按旅游目的分）
VISITORS BY PURPOSE 2016

单　位：%
UNIT：%

度假休闲 HOLIDAYS & LEISURE	商务出差 BUSINESS & PROFESSIONAL	探亲访友 VISITING RELATIVES & FRIENDS	文娱体育健身 ENTERTAINMENT, SPORTS & FITNESS	健康疗养 HEALTH & MEDICAL CARE	其　他 OTHERS
30.1	**12.6**	**22.1**	**2.8**	**1.2**	**1.6**
28.1	17.0	20.7	3.1	1.3	1.7
32.9	6.5	24.1	2.4	1.0	1.6
34.5	0.0	19.9	2.9	0.1	1.9
29.8	10.0	25.7	4.1	0.7	1.9
27.5	16.5	26.1	2.5	0.7	0.9
34.2	17.4	18.7	1.7	0.8	1.3
30.2	13.8	19.5	3.0	1.4	2.0
25.0	1.6	21.1	3.8	4.7	3.7
29.8	3.3	23.3	2.9	1.5	2.3
30.2	8.9	22.6	2.2	1.4	1.8
30.7	15.1	21.8	2.9	1.0	1.5
26.7	24.8	20.9	3.2	1.5	0.8

4-3 2016年城镇居民国内

PER CAPITA EXPENDITURE ON DOMESTIC

		人均每次花费 PER CAPITA EXPENDITURE	观光游览 SIGHTSEEING
调查总平均	**GROSS AVERAGE**	**1 115.2**	**1 240.2**
按性别分	**SEX**		
男　　性	MALE	1 160.6	1 238.1
女　　性	FEMALE	1 061.9	1 242.4
按年龄分	**AGE**		
14岁及以下	UNDER 14	1 000.6	1 172.2
15~24岁	15–24	1 109.6	1 379.9
25~34岁	25–34	1 178.5	1 205.5
35~44岁	35–44	1 166.3	1 251.8
45~64岁	45–64	1 145.8	1 394.2
65 岁及以上	OVER 65	843.5	946.4
按受教育程度分	**EDUCATION LEVEL**		
初中及以下	JUNIOR SCHOOL AND BELOW	909.8	1 059.8
高中（中专/职高/技校）	SENIOR SECONDARY SCHOOL（TECHNICAL SECONDARY SCHOOL / VOCATIONAL HIGH SCHOOL / TECHNICAL SCHOOL）	965.2	1 211.1
大学本科、大专	UNDERGRADUATE & JUNIOR COLLEGE	1 186.2	1 292.7
研究生及以上	POSTGRADUATE AND ABOVE	1 489.6	1 673.3

游客人均每次花费（按旅游目的分）
URBAN VISITORS BY PURPOSE 2016

单　位：元/人·次
UNIT：RMB ¥/PERSON·TIME

度假休闲 HOLIDAYS & LEISURE	商务出差 BUSINESS & PROFESSIONAL	探亲访友 VISITING RELATIVES & FRIENDS	文娱体育健身 ENTERTAINMENT, SPORTS & FITNESS	健康疗养 HEALTH & MEDICAL CARE	其　他 OTHERS
1 024.7	**1 703.2**	**849.4**	**706.7**	**915.7**	**854.5**
1 036.0	1 779.5	855.8	812.7	1 018.9	760.0
1 012.8	1 488.4	842.7	558.5	767.1	966.3
1 014.6	—	712.6	715.9	344.2	925.3
1 122.1	1 162.1	842.4	746.3	2094.8	895.1
1 120.3	1 716.1	931.9	756.4	1425.0	890.0
978.0	1 908.4	858.4	696.2	874.7	1 041.5
997.1	1 695.6	773.1	658.2	961.4	887.2
759.4	1 258.7	850.4	641.3	519.1	601.1
913.9	1 287.4	696.7	691.3	620.1	704.5
811.4	1 311.2	753.5	453.5	775.8	936.7
1 099.4	1 697.2	931.0	792.0	918.0	884.9
1 230.5	2 230.3	915.0	559.5	2 496.3	1 038.1

4-4 2016年城镇居民国内游客人次数构成（按旅游方式分）

COMPOSITION OF DOMESTIC URBAN VISITORS BY ORGANIZED MODE 2016

单 位：%

UNIT：%

		人次数构成 P.C.TOTAL	旅行社组织 VIA TRAVEL AGENCIES	非旅行社组织 WITHOUT TRAVEL AGENCIES
调查总平均	**GROSS AVERAGE**	**100.0**	**5.5**	**94.5**
按性别分	**SEX**			
男 性	MALE	100.0	3.9	96.1
女 性	FEMALE	100.0	7.8	92.2
按年龄分	**AGE**			
14岁及以下	UNDER 14	100.0	6.4	93.6
15~24岁	15–24	100.0	3.2	96.8
25~34岁	25–34	100.0	2.8	97.2
35~44岁	35–44	100.0	4.3	95.7
45~64岁	45–64	100.0	8.1	91.9
65岁及以上	OVER 65	100.0	13.4	86.6
按受教育程度分	**EDUCATION LEVEL**			
初中及以下	JUNIOR SCHOOL AND BELOW	100.0	8.4	91.6
高中（中专/职高/技校）	SENIOR SECONDARY SCHOOL （TECHNICAL SECONDARY SCHOOL / VOCATIONAL HIGH SCHOOL / TECHNICAL SCHOOL）	100.0	8.2	91.8
大学本科、大专	UNDERGRADUATE & JUNIOR COLLEGE	100.0	4.3	95.7
研究生及以上	POSTGRADUATE AND ABOVE	100.0	2.0	98.0

4-5 2016 年城镇居民国内游客人均每次花费（按旅游方式分）

PER CAPITA EXPENDITURE ON DOMESTIC URBAN VISITORS BY ORGANIZED MODE 2016

单　位：元/人 · 次

UNIT：RMB ¥/PERSON · TIME

		人均每次花费 PER CAPITA EXPENDITURE	旅行社组织 VIA TRAVEL AGENCIES	非旅行社组织 WITHOUT TRAVEL AGENCIES
调查总平均	**GROSS AVERAGE**	**1 115.2**	**1 779.5**	**1 072.1**
按性别分	**SEX**			
男　性	MALE	1 160.6	1 815.3	1 131.8
女　性	FEMALE	1 061.9	1 758.1	998.8
按年龄分	**AGE**			
14岁及以下	UNDER 14	1 000.6	1 423.7	968.2
15~24岁	15–24	1 109.6	1 900.6	1 083.7
25~34岁	25–34	1 178.5	1 829.2	1 156.5
35~44岁	35–44	1 166.3	2 101.5	1 125.1
45~64岁	45–64	1 145.8	1 862.7	1 075.6
65岁及以上	OVER 65	843.5	1 563.0	720.1
按受教育程度分	**EDUCATION LEVEL**			
初中及以下	JUNIOR SCHOOL AND BELOW	909.8	1 348.6	864.3
高中（中专/职高/技校）	SENIOR SECONDARY SCHOOL（TECHNICAL SECONDARY SCHOOL / VOCATIONAL HIGH SCHOOL / TECHNICAL SCHOOL）	965.2	1 782.7	887.2
大学本科、大专	UNDERGRADUATE & JUNIOR COLLEGE	1 186.2	2 040.1	1 144.2
研究生及以上	POSTGRADUATE AND ABOVE	1 489.6	2 517.0	1 470.3

4-6 2016年农村居民国内
COMPOSITION OF DOMESTIC

		人次数构成 P.C.TOTAL	观光游览 SIGHTSEEING
调查总平均	**GROSS AVERAGE**	**100.0**	**21.8**
按性别分	**SEX**		
男　　性	MALE	100.0	21.7
女　　性	FEMALE	100.0	22.1
按年龄分	**AGE**		
14岁及以下	UNDER 14	100.0	29.6
15~24岁	15–24	100.0	25.9
25~34岁	25–34	100.0	22.2
35~44岁	35–44	100.0	21.2
45~64岁	45–64	100.0	18.4
65 岁及以上	OVER 65	100.0	17.7
按受教育程度分	**EDUCATION LEVEL**		
小学及以下	PRIMARY SCHOOL AND BELOW	100.0	21.1
初中	JUNIOR SECONDARY SCHOOL	100.0	19.6
高中（中专/职高/技校）	SENIOR SECONDARY SCHOOL（TECHNICAL SECONDARY SCHOOL / VOCATIONAL HIGH SCHOOL / TECHNICAL SCHOOL）	100.0	21.4
大专、大学本科及以上	JUNIOR COLLEGE & UNDERGRADUATE AND ABOVE	100.0	24.1

游客人次数构成（按旅游目的分）

RURAL VISITORS BY PURPOSE 2016

单 位：%
UNIT：%

度假休闲 HOLIDAYS & LEISURE	商务出差 BUSINESS & PROFESSIONAL	探亲访友 VISITING RELATIVES & FRIENDS	文娱体育健身 ENTERTAINMENT, SPORTS & FITNESS	健康疗养 HEALTH & MEDICAL CARE	其 他 OTHERS
20.7	**18.1**	**29.3**	**1.7**	**1.7**	**6.6**
19.6	23.0	26.2	1.9	1.5	6.0
22.6	9.9	34.4	1.3	2.1	7.7
28.2	0.0	33.4	2.7	1.7	4.3
26.0	11.1	28.4	2.9	0.8	4.8
22.8	19.7	27.9	1.4	1.6	4.4
18.9	25.8	25.9	1.2	0.8	6.2
15.1	20.8	32.3	1.4	2.7	9.4
20.8	10.4	31.0	2.8	3.5	13.9
20.9	10.2	34.2	1.9	2.3	9.4
17.9	18.5	31.7	1.7	1.9	8.7
19.3	21.2	28.5	1.3	2.0	6.3
23.7	19.4	25.8	1.9	1.1	4.1

4-7 2016 年农村居民国内
PER CAPITA EXPENDITURE ON DOMESTIC

		人均每次花费 PER CAPITAL EXPENDITURE	观光游览 SIGHTSEEING
调查总平均	**GROSS AVERAGE**	**671.7**	**918.4**
按性别分	**SEX**		
男　　性	MALE	709.5	979.6
女　　性	FEMALE	616.7	829.6
按年龄分	**AGE**		
14岁及以下	UNDER 14	469.9	614.3
15~24岁	15–24	920.3	1 173.6
25~34岁	25–34	822.9	1 075.8
35~44岁	35–44	635.8	822.1
45~64岁	45–64	567.1	909.0
65岁及以上	OVER 65	400.2	564.6
按受教育程度分	**EDUCATION LEVEL**		
小学及以下	PRIMARY SCHOOL AND BELOW	453.4	696.7
初中	JUNIOR SECONDARY SCHOOL	513.6	761.2
高中（中专/职高/技校）	SENIOR SECONDARY SCHOOL（TECHNICAL SECONDARY SCHOOL / VOCATIONAL HIGH SCHOOL / TECHNICAL SCHOOL）	694.2	931.1
大专、大学本科及以上	JUNIOR COLLEGE & UNDERGRADUATE AND ABOVE	890.7	1 110.4

游客人均每次花费（按旅游目的分）
RURAL VISITORS BY PURPOSE 2016

单 位：元/人·次
UNIT：RMB ¥/PERSON·TIME

度假休闲 HOLIDAYS & LEISURE	商务出差 BUSINESS & PROFESSIONAL	探亲访友 VISITING RELATIVES & FRIENDS	文娱体育健身 ENTERTAINMENT, SPORTS & FITNESS	健康疗养 HEALTH & MEDICAL CARE	其 他 OTHERS
749.2	**639.3**	**509.4**	**517.3**	**727.8**	**479.4**
776.9	662.2	539.7	522.4	760.1	510.5
714.2	568.4	472.9	509.5	691.7	443.2
458.0	—	394.2	220.4	259.0	326.6
986.5	868.2	726.7	544.7	306.7	730.4
965.5	736.0	613.2	517.8	867.0	634.8
643.4	638.3	490.3	612.0	925.1	581.2
607.4	517.2	430.4	682.6	735.5	373.7
471.8	166.2	357.5	202.1	638.4	318.8
443.5	560.7	349.8	184.8	449.7	306.2
506.0	510.2	405.9	477.4	411.0	385.0
719.6	601.7	576.5	680.9	849.6	576.0
1 049.0	774.8	661.0	585.2	1 234.8	771.3

4-8 2016年农村居民国内游客人次数构成（按旅游方式分）

COMPOSITION OF DOMESTIC RURAL VISITORS BY ORGANIZED MODE 2016

单 位：%
UNIT：%

		人次数构成 P.C.TOTAL	旅行社组织 VIA TRAVEL AGENCIES	非旅行社组织 WITHOUT TRAVEL AGENCIES
调查总平均	**GROSS AVERAGE**	**100.0**	**3.6**	**96.4**
按性别分	**SEX**			
男　性	MALE	100.0	2.9	97.1
女　性	FEMALE	100.0	4.9	95.1
按年龄分	**AGE**			
14岁及以下	UNDER 14	100.0	3.9	96.1
15~24岁	15–24	100.0	3.1	96.9
25~34岁	25–34	100.0	2.5	97.5
35~44岁	35–44	100.0	3.2	96.8
45~64岁	45–64	100.0	5.1	94.9
65岁及以上	OVER 65	100.0	4.9	95.1
按受教育程度分	**EDUCATION LEVEL**			
小学及以下	PRIMARY SCHOOL AND BELOW	100.0	4.1	95.9
初中	JUNIOR SECONDARY SCHOOL	100.0	4.4	95.6
高中（中专/职高/技校）	SENIOR SECONDARY SCHOOL（TECHNICAL SECONDARY SCHOOL / VOCATIONAL HIGH SCHOOL / TECHNICAL SCHOOL）	100.0	4.1	95.9
大专、大学本科及以上	JUNIOR COLLEGE, UNDERGRADUATE AND ABOVE	100.0	2.5	97.5

4-9　2016年农村居民国内游客人均每次花费（按旅游方式分）
PER CAPITA EXPENDITURE ON DOMESTIC RURAL VISITORS BY ORGANIZED MODE 2016

单　位：元/人·次
UNIT：RMB ¥/PERSON · TIME

		人均每次花费 PER CAPITA EXPENDITURE	旅行社组织 VIA TRAVEL AGENCIES	非旅行社组织 WITHOUT TRAVEL AGENCIES
调查总平均	**GROSS AVERAGE**	**671.7**	**1 356.9**	**645.9**
按性别分	**SEX**			
男　　性	MALE	709.5	1 563.6	682.9
女　　性	FEMALE	616.7	1 155.5	591.2
按年龄分	**AGE**			
14岁及以下	UNDER 14	469.9	1 349.9	441.2
15~24岁	15–24	920.3	1 410.7	905.6
25~34岁	25–34	822.9	1 524.6	806.7
35~44岁	35–44	635.8	1 198.3	617.3
45~64岁	45–64	567.1	1 491.2	514.4
65岁及以上	OVER 65	400.2	819.0	373.9
按受教育程度分	**EDUCATION LEVEL**			
小学及以下	PRIMARY SCHOOL AND BELOW	453.4	1 160.6	423.5
初中	JUNIOR SECONDARY SCHOOL	513.6	1 193.2	483.8
高中（中专/职高/技校）	SENIOR SECONDARY SCHOOL（TECHNICAL SECONDARY SCHOOL / VOCATIONAL HIGH SCHOOL / TECHNICAL SCHOOL）	694.2	1 482.9	660.4
大专、大学本科及以上	JUNIOR COLLEGE, UNDERGRADUATE AND ABOVE	890.7	1 563.0	872.8

五、地方接待入境过夜游客情况

5. DISTRIBUTION OF INTERNATIONAL TOURISTS TO LOCALITY

5-1 2015~2016 年各地区接待的
INTERNATIONAL TOURISTS BY

地　区 LOCALITY	2016 年总计 TOTAL 2016	
	人　数 (人次) ARRIVALS	人天数 (人天) NIGHTS
北　京 BEIJING	4 165 332	17 910 928
天　津 TIANJIN	824 313	13 489 069
河　北 HEBEI	837 892	2 747 471
山　西 SHANXI	629 836	1 623 548
内蒙古 INNER MONGOLIA	1 779 121	5 279 582
辽　宁 LIAONING	2 736 658	7 689 055
吉　林 JILIN	1 619 530	3 943 478
黑龙江 HEILONGJIANG	957 038	2 095 360
上　海 SHANGHAI	6 904 270	22 166 242
江　苏 JIANGSU	3 297 735	12 338 457
浙　江 ZHEJIANG	5 255 941	13 321 312
安　徽 ANHUI	3 134 314	7 532 603
福　建 FUJIAN	6 114 814	29 497 993
江　西 JIANGXI	1 648 342	3 123 844
山　东 SHANDONG	3 288 237	11 078 710

入境过夜游客情况
LOCALITY 2015—2016

	2015 年总计 TOTAL 2015		
平均停留（天） AVERAGE STAY	人　数 （人次） ARRIVALS	人天数 （人天） NIGHTS	平均停留（天） AVERAGE STAY
4.30	4 199 625	17 892 303	4.26
16.36	784 766	13 242 475	16.87
3.28	766 388	2 811 181	3.67
2.58	593 772	1 529 439	2.58
2.97	1 607 816	4 941 928	3.07
2.81	2 640 052	6 757 567	2.56
2.43	1 480 994	3 555 943	2.40
2.19	834 716	1 810 426	2.17
3.21	6 535 887	19 695 270	3.01
3.74	3 050 104	11 415 317	3.74
2.53	4 590 235	11 648 513	2.54
2.40	2 911 231	6 744 850	2.32
4.82	3 327 123	8 216 880	2.47
1.90	1 558 833	3 079 314	1.98
3.37	3 122 231	10 565 726	3.38

5-1（续 1）

地　　区 LOCALITY	2016 年总计 TOTAL 2016	
	人　数 （人次） ARRIVALS	人天数 （人 天） NIGHTS
河　　南 HENAN	1 499 294	3 139 667
湖　　北 HUBEI	3 375 628	8 026 469
湖　　南 HUNAN	2 408 055	4 711 066
广　　东 GUANGDONG	35 072 100	90 705 100
广　　西 GUANGXI	4 825 160	9 956 952
海　　南 HAINAN	748 869	1 645 894
重　　庆 CHONGQING	1 808 862	9 586 969
四　　川 SICHUAN	3 087 918	5 664 873
贵　　州 GUIZHOU	722 883	1 335 028
云　　南 YUNNAN	6 003 752	11 715 852
西　　藏 TIBET	321 902	993 664
陕　　西 SHAANXI	3 382 047	12 650 305
甘　　肃 GANSU	71 479	106 255
青　　海 QINGHAI	70 082	247 713
宁　　夏 NINGXIA	51 177	199 590
新　　疆 XINJIANG	582 061	2 289 772

说明：2016年数据为在华（内地）停留时间在3个月以内的入境游客抽样调查数据。
Note：THE DATA IN 2016 ARE SAMPLE SURVEY DATA ON INBOUND VISITORS WHO STAY IN MAINLAND CHINA FOR LESS THAN 3 MONTHS.

平均停留（天） AVERAGE STAY	2015 年总计 TOTAL 2015		
	人　数 （人次） ARRIVALS	人天数 （人天） NIGHTS	平均停留（天） AVERAGE STAY
2.09	1 352 954	3 079 593	2.28
2.38	3 117 592	7 248 832	2.33
1.96	2 260 521	4 101 029	1.81
2.59	34 503 500	86 354 000	2.50
2.06	4 500 562	9 329 842	2.07
2.20	608 437	1 220 159	2.01
5.30	1 481 040	6 072 264	4.10
1.83	2 732 000	5 105 503	1.87
1.85	685 869	1 037 991	1.51
1.95	3 076 167	6 009 608	1.95
3.09	292 610	858 627	2.93
3.74	2 930 347	8 671 591	2.96
1.49	54 508	78 090	1.43
3.53	65 334	216 494	3.31
3.90	37 315	111 945	3.00
3.93	531 424	2 711 493	5.10

5-2 2016年各地区接待的
BREAKDOWN OF INTERNATIONAL

地 区 LOCALITY	外国人 FOREIGNERS			香港 HONG
	人 数 (人次) ARRIVALS	人天数 (人天) NIGHTS	平均停留 (天) AVERAGE STAY	人 数 (人次) ARRIVALS
北 京 BEIJING	3 547 619	15 254 762	4.30	352 942
天 津 TIANJIN	718 904	11 105 706	15.45	52 595
河 北 HEBEI	659 877	2 334 132	3.54	68 776
山 西 SHANXI	404 221	1 034 942	2.56	96 721
内蒙古 INNER MONGOLIA	1 682 734	4 843 653	2.88	41 466
辽 宁 LIAONING	2 122 140	6 052 093	2.85	265 171
吉 林 JILIN	1 421 729	3 443 082	2.42	96 438
黑龙江 HEILONGJIANG	908 707	1 998 286	2.20	9 961
上 海 SHANGHAI	5 725 655	17 945 849	3.13	477 103
江 苏 JIANGSU	2 179 954	7 526 609	3.45	153 754
浙 江 ZHEJIANG	3 873 006	10 160 086	2.62	469 757
安 徽 ANHUI	1 844 596	4 308 687	2.34	406 609
福 建 FUJIAN	2 541 193	13 776 126	5.42	1 336 794
江 西 JIANGXI	498 020	946 029	1.90	542 331
山 东 SHANDONG	2 376 575	8 369 697	3.52	406 478

入境过夜游客构成
TOURISTS BY LOCALITY 2016

同胞 KONG COMPATRIOTS		澳门同胞 MACAO COMPATRIOTS			台湾同胞 TAIWAN COMPATRIOTS		
人天数 （人天） NIGHTS	平均停留 （天） AVERAGE STAY	人　数 （人次） ARRIVALS	人天数 （人天） NIGHTS	平均停留 （天） AVERAGE STAY	人　数 （人次） ARRIVALS	人天数 （人天） NIGHTS	平均停留 （天） AVERAGE STAY
1 517 651	4.30	16 264	69 935	4.30	248 507	1 068 580	4.30
1 165 959	22.17	3 220	77 685	24.13	49 594	1 139 719	22.98
166 357	2.42	42 735	91 433	2.14	66 504	155 549	2.34
228 367	2.36	36 913	108 191	2.93	91 981	252 048	2.74
175 717	4.24	19 633	97 560	4.97	35 288	162 652	4.61
707 720	2.67	73 599	164 326	2.23	275 748	764 916	2.77
253 436	2.63	15 275	35 902	2.35	86 088	211 058	2.45
29 651	2.98	555	2 077	3.74	37 815	65 346	1.73
1 540 922	3.23	19 364	77 710	4.01	682 148	2 601 761	3.81
380 831	2.48	8 219	19 760	2.40	955 808	4 411 257	4.62
1 081 053	2.30	122 075	383 609	3.14	791 102	1 696 563	2.14
1 074 267	2.64	184 884	548 236	2.97	698 225	1 601 413	2.29
6 277 606	4.70	153 902	690 828	4.49	2 082 925	8 753 433	4.20
1 020 118	1.88	308 208	577 015	1.87	299 783	580 682	1.94
1 175 245	2.89	102 746	270 432	2.63	402 438	1 263 336	3.14

5-2（续1）

地　　区 LOCALITY	外国人 FOREIGNERS			香港 HONG
	人　数 （人次） ARRIVALS	人天数 （人天） NIGHTS	平均停留 （天） AVERAGE STAY	人　数 （人次） ARRIVALS
河　　南 HENAN	958 064	2 096 414	2.19	206 356
湖　　北 HUBEI	2 546 454	6 125 416	2.41	348 608
湖　　南 HUNAN	1 274 100	2 655 163	2.08	536 084
广　　东 GUANGDONG	9 094 900	28 537 400	3.14	20 842 500
广　　西 GUANGXI	2 519 770	5 181 226	2.06	1 003 160
海　　南 HAINAN	469 787	1 158 532	2.47	131 984
重　　庆 CHONGQING	1 189 992	6 306 958	5.30	192 882
四　　川 SICHUAN	2 192 328	4 126 475	1.88	410 291
贵　　州 GUIZHOU	318 574	605 461	1.90	150 245
云　　南 YUNNAN	4 506 937	8 316 547	1.85	659 978
西　　藏 TIBET	211 172	635 564	3.01	38 867
陕　　西 SHAANXI	2 285 189	9 769 322	4.28	395 839
甘　　肃 GANSU	39 624	61 956	1.56	9 463
青　　海 QINGHAI	50 349	176 222	3.50	8 083
宁　　夏 NINGXIA	23 521	91 732	3.90	4 052
新　　疆 XINJIANG	515 585	2 013 859	3.91	16 832

说明：2016年数据为在华（内地）停留时间在3个月以内的入境游客抽样调查数据。

Note：THE DATA IN 2016 ARE SAMPLE SURVEY DATA ON INBOUND VISITORS WHO STAY IN MAINLAND CHINA FOR LESS THAN 3 MONTHS.

同胞 KONG COMPATRIOTS		澳门同胞 MACAO COMPATRIOTS			台湾同胞 TAIWAN COMPATRIOTS		
人天数 （人天） NIGHTS	平均停留 （天） AVERAGE STAY	人 数 （人次） ARRIVALS	人天数 （人天） NIGHTS	平均停留 （天） AVERAGE STAY	人 数 （人次） ARRIVALS	人天数 （人天） NIGHTS	平均停留 （天） AVERAGE STAY
394 037	1.91	95 446	199 415	2.09	239 428	449 801	1.88
822 122	2.36	42 189	84 712	2.01	438 377	994 219	2.27
972 148	1.81	231 997	400 842	1.73	365 874	682 913	1.87
49 876 300	2.39	2 483 900	5 610 800	2.26	2 650 800	6 680 600	2.52
2 008 882	2.00	309 706	626 242	2.02	992 524	2 140 602	2.16
238 752	1.81	11 098	20 436	1.84	136 000	228 174	1.68
1 022 275	5.30	27 618	146 375	5.30	398 370	2 111 361	5.30
744 708	1.82	74 532	122 106	1.64	410 767	671 584	1.63
263 777	1.76	70 533	110 007	1.56	183 531	355 783	1.94
1 310 968	1.99	207 756	452 972	2.18	629 081	1 635 365	2.60
122 361	3.15	22 652	74 937	3.31	49 211	160 802	3.27
1 154 735	2.92	242 789	564 429	2.32	458 230	1 161 818	2.54
12 799	1.35	2 103	3 223	1.53	20 289	28 277	1.39
28 291	3.50	4 082	15 199	3.72	7 568	28 002	3.70
15 803	3.90	565	2 204	3.90	23 039	89 852	3.90
69 100	4.11	3 092	11 904	3.85	46 552	194 909	4.19

5-3 2016年各地区接待的
FOREIGN TOURISTS BY

地区 LOCALITY	合计 TOTAL	#日本 JAPAN	#韩国 KOREA	#马来西亚 MALA-YSIA	#菲律宾 PHILIP-PINES	#新加坡 SINGA-PORE
北京 BEIJING	3 547 619	248 261	379 410	80 773	20 892	119 199
天津 TIANJIN	718 904	217 215	170 432	12 183	2 960	20 018
河北 HEBEI	659 877	71 360	76 024	34 148	13 680	29 940
山西 SHANXI	404 221	18 532	123 298	15 937	1 104	17 033
内蒙古 INNER MONGOLIA	1 682 734	27 382	22 771	6 097	1 091	6 590
辽宁 LIAONING	2 122 140	542 122	874 746	23 179	12 408	38 646
吉林 JILIN	1 421 729	55 445	853 083	4 181	4 191	49 670
黑龙江 HEILONGJIANG	908 707	22 918	111 199	3 960	451	3 090
上海 SHANGHAI	5 725 655	791 411	750 157	158 553	310 218	167 014
江苏 JIANGSU	2 179 954	414 889	407 723	91 107	28 284	68 466
浙江 ZHEJIANG	3 873 006	268 800	814 679	134 157	31 029	85 499
安徽 ANHUI	1 844 596	119 013	633 825	77 849	11 437	89 977
福建 FUJIAN	2 541 193	343 113	184 186	374 113	97 548	248 712
江西 JIANGXI	498 020	32 655	58 627	17 493	8 129	21 585
山东 SHANDONG	2 376 575	289 620	163 485	42 736	33 994	70 015

外国过夜游客人数（按国籍分）
LOCALITY & NATIONALITY 2016

单　位：人次
UNIT：PERSON

#泰国 THAI-LAND	#美国 U.S.A.	#加拿大 CANADA	#英国 UNITED KINGDOM	#法国 FRANCE	#德国 GERMANY	#俄罗斯 RUSSIA	#澳大利亚 AUSTRA-LIA
53 686	703 381	152 901	183 287	131 740	205 575	94 878	146 019
2 266	58 089	9 518	16 476	12 190	24 056	2 939	16 350
18 392	25 908	13 813	28 131	23 947	26 051	49 135	13 823
6 691	28 294	8 437	9 274	29 935	11 961	6 049	12 325
3 164	14 425	5 259	6 132	7 305	4 947	600 102	4 049
8 992	66 173	21 666	25 109	18 791	52 871	221 832	20 715
4 180	18 104	11 505	11 437	12 811	61 953	287 979	14 040
1 517	5 514	1 638	1 414	1 597	2 054	741 779	2 120
79 038	696 127	167 809	187 279	167 266	242 847	91 718	170 104
25 793	225 373	78 812	59 919	46 447	103 154	21 253	30 124
52 698	368 802	84 860	103 325	80 576	146 442	46 315	78 674
38 182	162 159	45 705	59 830	59 837	61 902	33 363	37 210
36 338	303 981	68 770	70 189	44 309	67 181	27 541	77 493
20 323	42 835	20 643	30 086	25 679	21 320	15 337	15 965
16 147	153 285	38 780	63 215	48 373	66 679	70 262	43 028

5-3（续1）

地　区 LOCALITY	合　计 TOTAL	#日本 JAPAN	#韩国 KOREA	#马来西亚 MALA-YSIA	#菲律宾 PHILIP-PINES	#新加坡 SINGA-PORE
河　南 HENAN	958 064	67 445	344 367	35 052	8 832	29 947
湖　北 HUBEI	2 546 454	510 972	165 065	80 635	10 800	92 374
湖　南 HUNAN	1 274 100	66 575	519 845	88 521	9 844	32 804
广　东 GUANGDONG	9 094 900	1 015 426	577 584	395 384	67 626	313 165
广　西 GUANGXI	2 519 770	59 578	403 583	287 182	39 395	154 324
海　南 HAINAN	469 787	9 934	64 489	49 754	2 574	37 080
重　庆 CHONGQING	1 189 992	113 223	340 754	56 317	7 070	60 562
四　川 SICHUAN	2 192 328	202 858	175 993	146 532	16 610	139 719
贵　州 GUIZHOU	318 574	23 074	35 163	12 602	2 019	12 954
云　南 YUNNAN	4 506 937	136 139	332 885	241 962	13 075	265 736
西　藏 TIBET	211 172	9 638	9 298	11 541	1 896	8 968
陕　西 SHAANXI	2 285 189	115 270	401 291	103 793	5 691	51 783
甘　肃 GANSU	39 624	8 335	3 913	4 177	222	2 741
青　海 QINGHAI	50 349	4 910	5 554	1 697	0	1 479
宁　夏 NINGXIA	23 521	2 112	1 650	1 063	187	1 461
新　疆 XINJIANG	515 585	8 709	9 803	5 770	267	3 635

# 泰国 THAI-LAND	# 美国 U.S.A.	# 加拿大 CANADA	# 英国 UNITED KINGDOM	# 法国 FRANCE	# 德国 GERMANY	# 俄罗斯 RUSSIA	# 澳大利亚 AUSTRA-LIA
24 220	56 969	50 818	34 886	35 021	35 772	35 438	16 072
23 304	430 293	143 440	176 465	222 484	154 843	22 132	103 393
54 058	74 906	30 801	43 140	33 252	30 095	35 025	25 614
185 529	754 468	167 033	164 223	152 930	156 765	102 985	165 342
96 006	134 230	63 026	69 710	67 551	53 482	15 923	51 748
13 635	29 112	10 305	6 707	6 461	10 024	81 361	7 804
97 695	116 730	32 501	33 797	28 733	44 326	13 149	30 233
78 115	336 390	82 926	204 582	87 345	112 230	19 691	102 907
6 383	33 542	12 504	17 988	21 493	11 313	11 439	9 705
524 018	221 961	75 688	130 496	148 394	120 313	32 412	89 936
4 075	23 981	9 317	10 807	8 345	10 691	9 552	8 213
37 824	352 475	94 364	143 895	101 837	104 782	25 319	115 144
1 854	3 429	916	1 231	1 957	1 536	492	1 221
3 037	5 232	1 646	1 669	1 442	1 580	914	1 244
513	3 227	702	597	517	1 212	304	714
406	8 330	7 650	6 688	11 535	11 423	134 229	3 794

5-4 2015~2016年主要城市接待
INTERNATIONAL TOURISTS TO

城市名称 NAME OF CITY	2016年总计 TOTAL 2015	
	人 数 （人次） ARRIVALS	人天数 （人天） NIGHTS
北　　京 BEIJING	4 165 332	17 910 928
天　　津 TIANJIN	824 313	13 489 069
石 家 庄 SHIJIAZHUANG	105 529	278 387
秦 皇 岛 QINHUANGDAO	145 700	1 053 943
承　　德 CHENGDE	232 923	558 088
太　　原 TAIYUAN	153 644	410 073
大　　同 DATONG	69 658	183 250
呼和浩特 HOHEHOT	138 611	690 156
沈　　阳 SHENYANG	680 884	2 172 829
大　　连 DALIAN	1 044 100	2 197 105
长　　春 CHANGCHUN	452 100	1 536 476
吉　　林 JILIN	113 215	234 675
延　　边 YANBIAN	715 000	1 483 637
哈 尔 滨 HARBIN	217 552	484 276
上　　海 SHANGHAI	6 904 270	22 166 242
南　　京 NANJING	637 846	2 235 865
无　　锡 WUXI	439 185	1 356 195
苏　　州 SUZHOU	1 612 849	6 761 311
南　　通 NANTONG	180 156	508 600
连 云 港 LIANYUNGANG	22 624	74 828

入境旅游者情况
MAJOR CITIES 2015—2016

平均停留（天）AVERAGE STAY	2015年总计 TOTAL 2014		
	人 数（人次）ARRIVALS	人天数（人天）NIGHTS	平均停留（天）AVERAGE STAY
4.30	4 199 625	17 892 303	4.26
16.36	784 766	13 242 475	16.87
2.64	101 775	321 231	3.16
7.23	157 140	1 048 122	6.67
2.40	179 307	568 078	3.17
2.67	147 047	392 132	2.67
2.63	65 745	141 376	2.15
4.98	130 339	573 496	4.40
3.19	645 734	1 541 436	2.39
2.10	984 647	2 063 019	2.10
3.40	430 582	1 488 153	3.46
2.07	104 950	217 453	2.07
2.08	653 760	1 307 520	2.00
2.23	210 835	497 365	2.36
3.21	6 535 887	19 695 270	3.01
3.51	588 100	2 105 443	3.58
3.09	391 343	1 218 431	3.11
4.19	1 512 029	6 270 309	4.15
2.82	172 999	475 743	2.75
3.31	20 345	67 349	3.31

5-4（续1）

城市名称 NAME OF CITY	2016年总计 TOTAL 2015	
	人　数 （人次） ARRIVALS	人天数 （人天） NIGHTS
杭　州 HANGZHOU	1 580 900	4 109 614
宁　波 NINGBO	829 045	1 808 890
温　州 WENZHOU	531 212	1 240 411
合　肥 HEFEI	256 550	754 809
黄　山 HUANGSHAN	1 510 632	2 816 593
福　州 FUZHOU	1 066 910	6 238 612
厦　门 XIAMEN	2 313 099	11 521 793
泉　州 QUANZHOU	1 250 778	6 329 467
漳　州 ZHANGZHOU	554 700	2 156 127
南　昌 NANCHANG	227 707	461 470
九　江 JIUJIANG	276 189	584 355
济　南 JINAN	253 182	798 856
青　岛 QINGDAO	928 297	3 391 506
烟　台 YANTAI	408 522	1 691 416
威　海 WEIHAI	330 243	992 581
郑　州 ZHENGZHOU	415 717	1 031 307
洛　阳 LUOYANG	332 341	599 431
武　汉 WUHAN	2 249 435	6 288 600
长　沙 CHANGSHA	580 560	887 304
广　州 GUANGZHOU	8 618 800	26 806 000

	2015年总计 TOTAL 2014		
平均停留 （天） AVERAGE STAY	人　数 （人次） ARRIVALS	人天数 （人天） NIGHTS	平均停留 （天） AVERAGE STAY
2.60	1 417 404	3 817 277	2.69
2.18	723 960	1 437 302	1.99
2.34	482 081	1 457 601	3.02
2.94	252 137	636 494	2.52
1.86	1 388 823	2 571 388	1.85
5.85	551 572	1 904 242	3.45
4.98	1 273 178	3 036 048	2.38
5.06	663 824	1 797 622	2.71
3.89	292 426	531 741	1.82
2.03	204 536	420 181	2.05
2.12	258 038	651 321	2.52
3.16	239 780	760 853	3.17
3.65	880 080	3 267 167	3.71
4.14	382 398	1 601 141	4.19
3.01	314 224	957 446	3.05
2.48	401 781	990 283	2.46
1.80	259 599	539 957	2.08
2.80	2 023 567	5 628 351	2.78
1.53	595 228	937 065	1.57
3.11	8 035 800	24 018 900	2.99

5-4（续2）

城市名称 NAME OF CITY	2016年总计 TOTAL 2016	
	人数 （人次） ARRIVALS	人天数 （人天） NIGHTS
深　圳 SHENZHEN	11 711 700	27 548 200
珠　海 ZHUHAI	3 172 300	5 683 700
汕　头 SHANTOU	243 900	498 700
湛　江 ZHANJIANG	370 500	301 000
中　山 ZHONGSHAN	621 600	1 654 400
南　宁 NANNING	555 424	1 107 106
桂　林 GUILIN	2 333 247	5 224 701
北　海 BEIHAI	135 536	262 607
海　口 HAIKOU	136 478	235 625
三　亚 SANYA	448 857	1 171 410
重　庆 CHONGQING	1 808 862	9 586 969
成　都 CHENGDU	2 681 705	5 179 094
贵　阳 GUIYANG	183 685	367 370
昆　明 KUNMING	1 234 688	2 063 747
拉　萨 LHASA	199 810	600 201
西　安 XI’AN	1 340 612	3 914 368
兰　州 LANZHOU	21 829	32 377
西　宁 XINING	35 083	171 892
银　川 YINCHUAN	35 688	139 183
乌鲁木齐 URUMQI	317 718	1 096 276

平均停留（天）AVERAGE STAY	2015年总计 TOTAL 2015		
	人　数（人次）ARRIVALS	人天数（人天）NIGHTS	平均停留（天）AVERAGE STAY
2.35	12 187 100	26 805 700	2.20
1.79	3 095 100	6 225 600	2.01
2.04	211 500	390 900	1.85
0.81	266 600	595 900	2.24
2.66	598 300	1 627 700	2.72
1.99	510 850	1 061 732	2.08
2.24	2 163 406	4 722 671	2.18
1.94	129 053	232 401	1.80
1.73	121 975	208 738	1.71
2.61	358 184	824 302	2.30
5.30	1 481 040	6 072 264	4.10
1.93	2 305 427	4 569 191	1.98
2.00	158 469	340 453	2.15
1.67	1 144 868	1 885 859	1.65
3.00	175 566	548 621	3.12
2.92	1 107 235	3 221 142	2.91
1.48	17 418	24 756	1.42
4.90	34 054	123 937	3.64
3.90	27 117	81 351	3.00
3.45	327 200	1 098 056	3.36

5-5 2016年主要城市接待
BREAKDOWN OF INTERNATIONAL

城市名称 NAME OF CITY	外国人 FOREIGNERS			香港 HONG
	人 数（人次）ARRIVALS	人天数（人天）NIGHTS	平均停留（天）AVERAGE STAY	人 数（人次）ARRIVALS
北 京 BEIJING	3 547 619	15 254 762	4.30	352 942
天 津 TIANJIN	718 904	11 105 706	15.45	52 595
石家庄 SHIJIAZHUANG	90 839	242 018	2.66	7 290
秦皇岛 QINHUANGDAO	134 606	988 430	7.34	5 340
承 德 CHENGDE	192 956	500 993	2.60	14 233
太 原 TAIYUAN	108 210	282 635	2.61	25 442
大 同 DATONG	55 072	142 473	2.59	6 372
呼和浩特 HOHEHOT	96 974	474 123	4.89	16 982
沈 阳 SHENYANG	543 577	1 636 698	3.01	55 906
大 连 DALIAN	886 954	1 888 832	2.13	74 748
长 春 CHANGCHUN	353 452	1 258 862	3.56	49 138
吉 林 JILIN	69 125	144 685	2.09	22 441
延 边 YANBIAN	692 358	1 433 457	2.07	8 450
哈尔滨 HARBIN	171 248	348 507	2.04	16 561
上 海 SHANGHAI	5 725 655	17 945 849	3.13	477 103
南 京 NANJING	468 965	1 656 494	3.53	47 554
无 锡 WUXI	328 361	1 028 833	3.13	33 274
苏 州 SUZHOU	910 825	3 348 365	3.68	50 554
南 通 NANTONG	155 354	431 824	2.78	6 076
连云港 LIANYUNGANG	19 030	60 356	3.17	557

入境旅游者构成
TOURISTS TO MAJOR CITIES 2016

同胞 KONG COMPATRIOTS		澳门同胞 MACAO COMPATRIOTS			台湾同胞 TAIWAN COMPATRIOTS		
人天数（人天）NIGHTS	平均停留（天）AVERAGE STAY	人数（人次）ARRIVALS	人天数（人天）NIGHTS	平均停留（天）AVERAGE STAY	人数（人次）ARRIVALS	人天数（人天）NIGHTS	平均停留（天）AVERAGE STAY
1 517 651	4.30	16 264	69 935	4.30	248 507	1 068 580	4.30
1 165 959	22.17	3 220	77 685	24.13	49 594	1 139 719	22.98
17 659	2.42	1 459	3 428	2.35	5 941	15 282	2.57
30 183	5.65	207	1 256	6.07	5 547	34 074	6.14
22 107	1.55	8 132	11 653	1.43	17 602	23 335	1.33
64 419	2.53	2 961	7 430	2.51	17 031	55 589	3.26
18 469	2.90	1 783	5 736	3.22	6 431	16 572	2.58
86 609	5.10	6 096	32 918	5.40	18 559	96 506	5.20
218 508	3.91	4 560	19 445	4.26	76 841	298 178	3.88
148 902	1.99	2 264	5 519	2.44	80 134	153 852	1.92
144 394	2.94	1 914	5 567	2.91	47 596	127 653	2.68
45 652	2.03	2 928	5 882	2.01	18 721	38 456	2.05
19 038	2.25	3 560	7 120	2.00	10 632	24 022	2.26
66 422	4.01	2 097	3 558	1.70	27 646	65 789	2.38
1 540 922	3.23	19 364	77 710	4.01	682 148	2 601 761	3.81
114 323	2.40	3 123	7 507	2.40	118 204	457 541	3.87
79 446	2.39	1 464	3 159	2.16	76 086	244 757	3.22
138 958	2.75	2 516	6 773	2.69	648 954	3 267 215	5.03
13 554	2.23	308	652	2.12	18 418	62 570	3.40
1 159	2.08	19	39	2.05	3 018	13 274	4.40

5-5（续1）

城市名称 NAME OF CITY	外国人 FOREIGNERS			香港 HONG
	人　数 （人次） ARRIVALS	人天数 （人天） NIGHTS	平均停留 （天） AVERAGE STAY	人　数 （人次） ARRIVALS
杭　州 HANGZHOU	1 155 786	3 044 108	2.63	174 349
宁　波 NINGBO	624 447	1 386 195	2.22	82 474
温　州 WENZHOU	300 098	644 091	2.15	80 958
合　肥 HEFEI	190 514	578 784	3.04	27 486
黄　山 HUANGSHAN	946 142	1 727 393	1.83	128 672
福　州 FUZHOU	626 629	3 996 104	6.38	135 978
厦　门 XIAMEN	1 162 490	6 119 406	5.26	287 060
泉　州 QUANZHOU	330 586	1 915 032	5.79	606 084
漳　州 ZHANGZHOU	135 631	654 195	4.82	139 357
南　昌 NANCHANG	105 388	212 780	2.02	48 590
九　江 JIUJIANG	112 884	239 299	2.12	64 946
济　南 JINAN	156 112	470 062	3.01	42 975
青　岛 QINGDAO	662 618	2 642 901	3.99	135 941
烟　台 YANTAI	319 645	1 387 568	4.34	30 658
威　海 WEIHAI	308 167	929 255	3.02	2 674
郑　州 ZHENGZHOU	301 689	764 548	2.53	53 864
洛　阳 LUOYANG	226 573	469 905	2.07	32 275
武　汉 WUHAN	1 766 813	4 970 992	2.81	232 324
长　沙 CHANGSHA	353 426	569 861	1.61	109 742
广　州 GUANGZHOU	4 140 800	14 781 500	3.57	3 624 400

同胞 KONG COMPATRIOTS		澳门同胞 MACAO COMPATRIOTS			台湾同胞 TAIWAN COMPATRIOTS		
人天数 （人天） NIGHTS	平均停留 （天） AVERAGE STAY	人　数 （人次） ARRIVALS	人天数 （人天） NIGHTS	平均停留 （天） AVERAGE STAY	人　数 （人次） ARRIVALS	人天数 （人天） NIGHTS	平均停留 （天） AVERAGE STAY
460 222	2.64	12 467	28 987	2.33	238 298	576 297	2.42
174 374	2.11	17 104	38 557	2.25	105 021	209 764	2.00
178 664	2.21	56 737	223 812	3.94	93 419	193 844	2.07
84 005	3.06	11 250	23 580	2.10	27 300	68 440	2.51
245 262	1.91	6 720	12 877	1.92	429 098	831 061	1.94
866 614	6.37	13 811	81 612	5.91	290 492	1 294 282	4.46
1 358 803	4.73	16 361	76 785	4.69	847 188	3 966 799	4.68
2 948 276	4.86	68 534	316 997	4.63	245 574	1 149 162	4.68
537 222	3.86	17 270	62 975	3.65	262 442	901 735	3.44
98 639	2.03	23 913	47 684	1.99	49 816	102 367	2.05
137 348	2.11	34 426	72 567	2.11	63 933	135 141	2.11
126 159	2.94	1 615	3 482	2.16	52 480	199 153	3.79
363 154	2.67	30 833	79 123	2.57	98 905	306 328	3.10
110 096	3.59	11 957	38 036	3.18	46 262	155 716	3.37
6 313	2.36	667	1 582	2.37	18 735	55 431	2.96
126 749	2.35	30 297	69 955	2.31	29 867	70 055	2.35
36 631	1.13	2 389	3 056	1.28	71 104	89 839	1.26
636 227	2.74	2 690	6 371	2.37	247 608	675 010	2.73
147 662	1.35	63 277	81 683	1.29	54 115	88 098	1.63
9 633 700	2.66	344 800	938 900	2.72	508 800	1 451 900	2.85

5-5（续2）

城市名称 NAME OF CITY	外国人 FOREIGNERS			香港 HONG
	人数 （人次） ARRIVALS	人天数 （人天） NIGHTS	平均停留 （天） AVERAGE STAY	人数 （人次） ARRIVALS
深　圳 SHENZHEN	1 683 100	3 377 600	2.01	9 575 100
珠　海 ZHUHAI	509 600	988 100	1.94	1 209 900
汕　头 SHANTOU	154 500	335 400	2.17	77 600
湛　江 ZHANJIANG	181 500	158 300	0.87	153 900
中　山 ZHONGSHAN	130 500	422 200	3.24	356 500
南　宁 NANNING	422 601	827 932	1.96	44 850
桂　林 GUILIN	1 287 124	2 854 278	2.22	419 919
北　海 BEIHAI	66 498	132 881	2.00	46 066
海　口 HAIKOU	72 533	141 262	1.95	20 782
三　亚 SANYA	305 796	873 645	2.86	75 250
重　庆 CHONGQING	1 189 992	6 306 958	5.30	192 882
成　都 CHENGDU	2 009 448	3 896 240	1.94	342 708
贵　阳 GUIYANG	82 622	172 003	2.08	40 925
昆　明 KUNMING	931 690	1 588 551	1.71	106 714
拉　萨 LHASA	130 972	382 246	2.92	14 527
西　安 XI'AN	1 154 871	3 376 341	2.92	74 227
兰　州 LANZHOU	12 486	19 786	1.58	2 823
西　宁 XINING	29 880	149 400	5.00	2 321
银　川 YINCHUAN	18 509	72 185	3.90	3 182
乌鲁木齐 URUMQI	290 412	1 047 749	3.61	9 293

同胞 KONG COMPATRIOTS		澳门同胞 MACAO COMPATRIOTS			台湾同胞 TAIWAN COMPATRIOTS		
人天数 （人天） NIGHTS	平均停留 （天） AVERAGE STAY	人　数 （人次） ARRIVALS	人天数 （人天） NIGHTS	平均停留 （天） AVERAGE STAY	人　数 （人次） ARRIVALS	人天数 （人天） NIGHTS	平均停留 （天） AVERAGE STAY
23 237 700	2.43	56 900	126 300	2.22	396 600	806 600	2.03
2 163 300	1.79	842 700	1 507 400	1.79	610 100	1 024 900	1.68
139 800	1.80	1 200	2 300	1.92	10 600	21 200	2.00
115 700	0.75	10 500	8 500	0.81	24 600	18 500	0.75
897 200	2.52	78 500	183 300	2.34	56 100	151 700	2.70
96 930	2.16	29 761	62 205	2.09	58 212	120 039	2.06
909 870	2.17	40 081	102 258	2.55	586 123	1 358 295	2.32
88 223	1.92	7 944	14 308	1.80	15 028	27 195	1.81
33 237	1.60	1 722	2 750	1.60	41 441	58 376	1.41
157 276	2.09	6 404	13 563	2.12	61 407	126 926	2.07
1 022 275	5.30	27 618	146 375	5.30	398 370	2 111 361	5.30
664 362	1.94	37 886	80 024	2.11	291 663	538 468	1.85
85 198	2.08	14 419	28 588	1.98	45 719	81 581	1.78
164 945	1.55	2 666	4 844	1.82	193 618	305 407	1.58
44 529	3.07	17 547	46 516	2.65	36 764	126 910	3.45
212 365	2.86	9 175	28 201	3.07	102 339	297 461	2.91
3 821	1.35	766	1 271	1.66	5 754	7 499	1.30
9 748	4.20	562	2 304	4.10	2 320	10 440	4.50
12 410	3.90	406	1 583	3.90	13 591	53 005	3.90
13 385	1.44	1 097	2 317	2.11	16 916	32 825	1.94

5-6 2016年主要城市接待的
FOREIGN TOURISTS BY MAJOR

城市名称 NAME OF CITY	合 计 TOTAL	#日本 JAPAN	#韩国 KOREA	#马来西亚 MALA-YSIA	#菲律宾 PHILIP-PINES	#新加坡 SINGA-PORE
北 京 BEIJING	3 547 619	248 261	379 410	80 773	20 892	119 199
天 津 TIANJIN	718 904	217 215	170 432	12 183	2 960	20 018
石家庄 SHIJIAZHUANG	90 839	9 718	8 782	1 546	133	1 384
秦皇岛 QINHUANGDAO	134 606	15 048	17 969	2 612	2 296	3 680
承 德 CHENGDE	192 956	9 374	13 388	18 815	5 494	10 055
太 原 TAIYUAN	108 210	4 712	30 770	3 828	278	4 257
大 同 DATONG	55 072	2 005	14 008	1 725	118	1 877
呼和浩特 HOHEHOT	96 974	5 622	6 464	1 528	157	680
沈 阳 SHENYANG	543 577	128 938	358 780	1 725	223	3 618
大 连 DALIAN	886 954	305 878	259 861	15 304	5 309	21 357
长 春 CHANGCHUN	353 452	44 843	56 118	3 563	3 462	48 401
吉 林 JILIN	69 125	5 210	29 508	285	546	604
延 边 YANBIAN	692 358	3 265	487 116	36	51	25
哈尔滨 HARBIN	171 248	16 435	14 657	1 942	489	5 429
上 海 SHANGHAI	5 725 655	791 411	750 157	158 553	310 218	167 014
南 京 NANJING	468 965	35 682	90 987	14 065	4 425	13 607
无 锡 WUXI	328 361	79 391	60 795	21 261	4 046	11 129
苏 州 SUZHOU	910 825	200 090	175 254	45 402	9 635	30 984
南 通 NANTONG	155 354	51 331	13 450	2 959	2 370	6 150
连云港 LIANYUNGANG	19 030	2 608	3 609	382	1 665	355

外国过夜游客人数（按国籍分）
CITIES & NATIONALITY 2016

单　位：人次
UNIT：ARRIVALS

#泰国 THAI-LAND	#美国 U.S.A.	#加拿大 CANADA	#英国 UNITED KINGDOM	#法国 FRANCE	#德国 GERMANY	#俄罗斯 RUSSIA	#澳大利亚 AUSTRALIA
53 686	703 381	152 901	183 287	131 740	205 575	94 878	146 019
2 266	58 089	9 518	16 476	12 190	24 056	2 939	16 350
1 848	6 052	1 756	1 643	1 727	2 199	1 724	1 336
2 102	4 010	1 774	4 072	3 761	5 407	28 098	2 636
6 760	8 785	6 286	15 412	12 808	8 886	8 970	6 401
1 645	7 005	2 100	2 344	7 341	2 964	979	2 349
713	3 098	926	1 035	5 009	1 872	442	489
1 085	3 728	919	955	875	966	7 394	1 398
1 369	3 959	1 344	2 686	1 333	19 548	5 278	1 404
3 955	43 163	12 945	10 752	8 773	24 211	77 656	12 669
3 561	12 021	10 106	10 272	11 930	56 338	52 372	8 259
299	2 987	602	486	465	3 540	15 895	4 698
4	1 303	172	44	10	42	191 319	75
1 995	11 343	3 822	2 871	5 906	4 203	15 469	4 491
79 038	696 127	167 809	187 279	167 266	242 847	91 718	170 104
7 688	59 465	18 603	14 727	9 727	23 914	4 948	17 667
4 554	36 094	15 314	5 545	4 489	11 960	2 468	9 434
8 920	94 495	34 796	26 003	24 495	45 753	5 040	23 484
1 260	9 895	2 420	6 734	2 106	6 414	1 767	23 484
145	1 304	307	325	488	554	1 727	350

5-6（续1）

城市名称 NAME OF CITY	合　计 TOTAL	#日本 JAPAN	#韩国 KOREA	#马来西亚 MALA-YSIA	#菲律宾 PHILIP-PINES	#新加坡 SINGA-PORE
杭　州 HANGZHOU	1 155 786	65 987	264 836	46 880	4 190	38 215
宁　波 NINGBO	624 447	89 380	126 385	16 294	21 139	24 854
温　州 WENZHOU	300 098	6 421	11 504	2 662	1 160	2 403
合　肥 HEFEI	190 514	30 520	28 876	4 199	2 620	8 880
黄　山 HUANGSHAN	946 142	20 834	473 422	46 498	2 782	33 312
福　州 FUZHOU	626 629	126 288	42 546	51 998	4 564	43 306
厦　门 XIAMEN	1 162 490	156 821	88 069	180 826	64 921	132 240
泉　州 QUANZHOU	330 586	14 529	17 426	52 680	18 542	26 393
漳　州 ZHANGZHOU	135 631	24 251	7 297	22 129	1 697	10 429
南　昌 NANCHANG	105 388	8 017	10 862	1 156	903	2 874
九　江 JIUJIANG	112 884	10 085	11 262	4 962	1 504	5 802
济　南 JINAN	156 112	18 764	29 212	8 509	2 077	12 342
青　岛 QINGDAO	662 618	116 261	305 043	10 403	9 626	12 310
烟　台 YANTAI	319 645	38 303	202 911	2 384	3 224	6 249
威　海 WEIHAI	308 167	10 041	250 752	517	645	843
郑　州 ZHENGZHOU	301 689	33 846	28 832	9 193	3 761	12 118
洛　阳 LUOYANG	226 573	15 971	42 390	17 939	155	7 176
武　汉 WUHAN	1 766 813	531 601	117 985	46 478	6 122	56 197
长　沙 CHANGSHA	353 426	33 338	116 319	20 447	2 948	8 877
广　州 GUANGZHOU	4 140 800	202 465	185 515	126 742	30 006	79 392

#泰国 THAI-LAND	#美国 U.S.A.	#加拿大 CANADA	#英国 UNITED KINGDOM	#法国 FRANCE	#德国 GERMANY	#俄罗斯 RUSSIA	#澳大利亚 AUSTRALIA
19 760	165 278	39 014	34 228	23 825	35 014	9 783	31 995
17 973	98 886	36 687	48 028	34 064	39 641	15 306	18 012
2 835	14 044	3 554	6 001	14 722	11 809	4 792	2 521
3 939	25 760	5 036	4 660	4 900	7 796	7 720	6 213
7 736	65 765	18 237	12 234	23 990	19 694	3 566	18 592
6 111	78 486	22 093	22 492	6 702	20 069	7 504	29 647
14 606	162 303	28 729	31 617	28 128	32 359	12 623	33 857
3 766	15 692	3 818	6 014	4 538	5 903	5 003	3 375
5 224	8 801	5 392	3 616	2 147	2 681	1 004	3 127
11 453	12 513	1 687	4 469	3 866	3 730	3 075	1 898
1 472	10 549	6 180	7 506	6 750	6 266	2 997	5 609
2 922	17 855	4 000	6 973	5 067	11 232	3 712	6 805
2 598	41 883	7 466	19 688	12 055	19 562	19 098	10 665
848	8 043	4 411	5 639	5 125	5 750	3 970	2 967
287	2 695	464	1 579	784	1 407	17 321	576
12 953	33 011	41 785	23 818	10 864	7 939	17 132	3 761
4 482	12 168	2 466	3 099	16 239	18 537	9 993	4 166
16 698	239 623	50 215	89 057	148 939	91 929	14 466	59 484
9 481	25 757	10 638	13 868	9 744	9 007	8 613	8 845
60 914	223 449	47 302	55 701	60 207	49 336	47 627	63 979

5-6（续2）

城市名称 NAME OF CITY	合　计 TOTAL	#日本 JAPAN	#韩国 KOREA	#马来西亚 MALA-YSIA	#菲律宾 PHILIP-PINES	#新加坡 SINGA-PORE
深　圳 SHENZHEN	1 683 100	274 232	218 886	78 121	13 213	85 421
珠　海 ZHUHAI	509 600	139 727	22 331	62 478	7 412	58 465
汕　头 SHANTOU	154 500	7 575	2 227	8 287	608	10 613
湛　江 ZHANJIANG	181 500	3 625	2 955	5 128	5 620	5 302
中　山 ZHONGSHAN	130 500	17 715	9 687	10 764	1 547	5 810
南　宁 NANNING	422 601	13 337	54 348	30 328	26 384	39 262
桂　林 GUILIN	1 287 124	28 621	325 092	205 717	4 461	87 582
北　海 BEIHAI	66 498	5 747	4 547	2 304	1 348	1 961
海　口 HAIKOU	72 533	2 036	12 570	11 646	417	11 887
三　亚 SANYA	305 796	6 702	41 584	19 413	1 313	12 771
重　庆 CHONGQING	1 189 992	113 223	340 754	56 317	7 070	60 562
成　都 CHENGDU	2 009 448	177 937	136 756	135 186	15 680	125 548
贵　阳 GUIYANG	82 622	5 903	12 017	1 128	390	2 926
昆　明 KUNMING	931 690	8 215	147 055	109 655	954	74 643
拉　萨 LHASA	130 972	5 642	5 787	7 004	782	5 410
西　安 XI’AN	1 154 871	47 554	124 373	34 140	1 597	18 603
兰　州 LANZHOU	12 486	2 103	1 110	2 533	127	693
西　宁 XINING	29 880	4 111	4 420	1 420	0	1 024
银　川 YINCHUAN	18 509	1 713	1 349	828	175	1 024
乌鲁木齐 URUMQI	290 412	6 872	9 078	4 841	225	2 678

#泰国 THAI-LAND	#美国 U.S.A.	#加拿大 CANADA	#英国 UNITED KINGDOM	#法国 FRANCE	#德国 GERMANY	#俄罗斯 RUSSIA	#澳大利亚 AUSTRALIA
30 474	302 872	43 332	46 974	43 523	41 748	15 895	40 202
40 480	34 014	9 738	8 295	6 164	10 113	4 504	9 659
15 606	11 615	1 946	3 779	2 252	1 714	1 234	3 061
9 581	4 928	4 625	3 558	3 268	1 125	4 500	4 352
3 137	16 540	3 824	3305	1 795	3 002	1 900	4 700
40 656	6 278	5 562	5 889	6 874	6 084	5 519	4 522
37 753	108 897	46 153	49 539	48 974	36 039	3 095	39 587
1 148	5 869	2 658	2 629	2 207	2 274	629	1 517
4 498	6 651	2 513	1 204	1 024	1 151	2 059	1 892
5 739	16 858	6 468	4 896	5 144	8 830	80 022	4 595
97 695	116 730	32 501	33 797	28 733	44 326	13 149	30 233
64 736	316 478	79 711	194 268	79 321	107 259	18 435	99 503
1 920	5 874	2 827	3 878	3 471	2 776	1 894	2 662
148 354	43 491	11 202	11 948	27 181	21 503	1 534	20 061
1 773	16 164	5 614	5 981	5 001	6 351	6 231	4 917
10 656	131 803	33 737	49 503	35 122	35 344	7 520	42 457
558	572	180	220	627	213	310	347
2 760	4 312	1 010	1 120	1 032	1 322	442	940
392	2 299	549	496	444	1 028	245	598
315	7 951	5 987	5 362	9 014	9 901	123 046	2 561

六、星级饭店基本情况

6. STATISTICS OF STAR-RATED HOTELS

6-1 2016年全国星级饭店
BREAKDOWN OF STAR-RATED HOTELS BY

饭店类型和星级 ECONOMIC TYPE & STAR-RATED		饭店数（家）NO. OF HOTELS	客房数（间/套）NO. OF ROOMS	床位数（张）NO. OF BEDS
一、饭店经济类型	ECONOMIC TYPE			
合计	**TOTAL**	**9 861**	**1 420 489**	**2 482 841**
内资企业	**DOMESTIC FUNDED**			
国有企业	STATE-OWNED ENTERPRISES	2 254	334 473	588 444
集体企业	COLLECTIVE-OWNED ENTERPRISES	303	32 868	59 892
股份合作企业	COOPERATIVE ENTERPRISES	246	29 632	57 510
国有联营	STATE JOINT OWNERSHIP ENTERPRISES	17	3 079	5 569
集体联营	COLLECTIVE JOINT OWNERSHIP ENTERPRISES	19	1 949	3 217
国有与集体联营	JOINT STATE-COLLECTIVE ENTERPRISES	8	778	1 432
其他联营	OTHER JOINT OWNERSHIP ENTERPRISES	24	3 306	5 554
国有独资公司	STATE SOLE FUNDED CORPORATIONS	297	48 597	78 731
其他有限责任公司	OTHER LIMITED LIABILITY CORPORATIONS	663	111 651	186 771
股份有限公司	SHARE-HOLDING CORPORATIONS LIMITED	652	97 948	174 230
私营独资	PRIVATE ENTERPRISES	1 860	185 845	338 402
私营合伙	PRIVATE-FUNDED ENTERPRISES	305	31 220	59 781
私营有限责任公司	PRIVATE PARTNERSHIP ENTERPRISES	1 955	270 856	469 375
私营股份有限公司	PRIVATE SHARE-HOLDING CORPORATIONS LTD.	237	33 275	59 179
其他	OTHER ENTERPRISES	642	135 930	246 550

基本情况（按经济类型、规模和星级分）
ECONOMIC TYPE,CAPACITY,STAR-RATED & FINANCE 2016

客房出租率（%） ROOM OCCUPANCY（%）	营业收入（千元） TOTAL REVENUE（1000 RMB ¥）	营业税金及附加（千元） TAX（1000 RMB ¥）	固定资产原价（千元） FIXED ASSETS（1000 RMB ¥）
54.73	**202 726 010.16**	**6 686 686.71**	**517 453 557.45**
54.52	48 372 965.63	1 314 971.87	135 013 296.67
53.35	3 915 601.43	109 412.61	9 228 692.82
53.14	3 085 532.73	89 625.66	8 261 442.83
60.31	221 642.43	6 947.50	907 143.31
54.55	143 333.94	3 493.85	458 421.30
50.44	95 746.86	132 079.97	629 581.68
55.20	370 218.14	8 427.12	614 177.29
59.24	9 346 515.81	257 328.44	20 289 230.66
54.51	17 744 480.08	470 017.62	40 331 298.79
54.60	12 919 296.72	387 307.16	31 934 775.95
50.80	15 858 495.53	983 088.90	36 150 887.18
52.16	3 051 967.92	114 334.07	6 546 490.27
52.35	28 699 419.16	1 199 944.39	67 049 209.07
55.08	3 365 765.73	97 112.50	7 258 529.57
61.82	30 918 900.25	883 313.80	86 039 627.31

6-1（续1）

饭店类型和星级 ECONOMIC TYPE & STAR-RATED		饭店数（家）NO. OF HOTELS	客房数（间/套）NO. OF ROOMS	床位数（张）NO. OF BEDS
港澳台商投资	**ENTERPRISES WITH FUNDS FROM HONG KONG, MACAO AND TAIWAN**			
与港澳台商合资经营	JOINT-VENTURES ENTERPRISES	70	18 368	27 541
与港澳台商合作经营	COOPERATIVE ENTERPRISES	26	7 210	10 483
港澳台商独资	ENTERPRISE WITH SOLE INVESTMENT	80	21 183	32 046
港澳台商投资股份有限公司	SHARE-HOLDING CORPORATIONS LTD.	14	3 107	4 276
外商投资	**FOREIGN FUNDED ENTERPRISES**			
中外合资经营	JOINT-VENTURE ENTERPRISES	86	20 991	31 596
中外合作经营	COOPERATION ENTERPRISES	22	6 907	10 232
外资企业	ENTERPRISE WITH SOLE FUNDS	60	15 990	24 266
外商投资股份有限公司	SHARE-HOLDING CORPORATIONS LTD.	21	5 326	7 764
二、饭店星级	STAR-RATED HOTEL			
合计	**TOTAL**	**9 861**	**1 420 489**	**2 482 841**
五星级	5-STAR	800	274 554	418 259
四星级	4-STAR	2 363	470 125	793 504
三星级	3-STAR	4 856	548 906	1 009 713
二星级	2-STAR	1 771	123 760	252 163
一星级	1-STAR	71	3 144	9 202

客房出租率（%） ROOM OCCUPANCY （%）	营业收入 （千元） TOTAL REVENUE （1000 RMB ¥）	营业税金及附加 （千元） TAX （1000 RMB ¥）	固定资产原价 （千元） FIXED ASSETS （1000 RMB ¥）
61.94	4 440 670.79	103 124.45	11 568 567.80
56.86	1 523 758.96	36 504.39	2 833 077.08
57.68	5 456 138.78	183 948.73	16 556 249.76
56.32	934 682.65	29 005.71	2 962 513.59
58.03	5 415 546.06	127 831.51	12 747 694.22
59.69	1 534 297.63	34 108.18	2 902 399.29
56.78	3 152 721.54	73 161.29	12 719 989.92
68.02	2 158 311.40	41 597.00	4 450 261.10
54.73	**202 726 010.16**	**6 686 686.71**	**517 453 557.45**
58.57	76 370 719.57	2 062 719.95	202 230 731.64
55.62	70 385 730.62	1 924 967.07	181 418 190.49
52.52	48 315 870.13	2 259 732.95	105 770 548.67
52.37	7 537 931.60	405 331.98	27 792 614.72
52.18	115 758.23	33 934.77	241 471.93

6-2 2016年全国星级饭店
BREAKDOWN OF STAR-RATED HOTELS, ROOMS,

地　区 LOCALITY	饭店数 （家） NUMBER OF HOTELS	客房数 （间/套） NUMBER OF ROOMS	床位数 （张） NUMBER OF BEDS
总　计 TOTAL	**9 861**	**1 420 489**	**2 482 841**
北　京 BEIJING	416	101 027	169 756
天　津 TIANJIN	84	16 658	25 540
河　北 HEBEI	350	50 631	90 978
山　西 SHANXI	194	25 382	45 208
内蒙古 INNER MONGOLIA	175	22 144	39 152
辽　宁 LIAONING	349	50 147	84 207
吉　林 JILIN	169	15 692	27 967
黑龙江 HEILONGJIANG	198	21 465	40 187
上　海 SHANGHAI	227	57 530	85 995
江　苏 JIANGSU	561	82 396	131 139
浙　江 ZHEJIANG	651	101 086	168 215
安　徽 ANHUI	312	44 273	75 955
福　建 FUJIAN	334	53 967	85 297
江　西 JIANGXI	290	39 575	67 023
山　东 SHANDONG	622	86 555	158 920

基本情况（按地区分）
OCCUPANCIES & FINANCE BY LOCALITY 2016

客房出租率（%）ROOM OCCU-PANCY（%）	营业收入（千元）TOTAL REVENUE（1000 RMB ¥）	营业税金及附加（千元）TAX（1000 RMB ¥）	固定资产原价（千元）FIXED ASSETS（1000 RMB ¥）
54.73	**202 726 010.16**	**6 686 686.71**	**517 453 557.45**
61.65	25 359 867.00	699 414.00	66 043 861.00
55.27	2 476 461.74	54 938.24	4 997 073.58
44.38	4 953 565.57	118 286.16	15 738 150.61
45.72	2 202 537.82	54 100.53	8 580 629.99
47.01	2 251 461.54	67 614.07	9 480 556.15
47.86	4 560 728.68	126 388.95	17 686 837.57
47.62	1 537 951.05	80 231.37	5 699 564.45
42.97	1 849 269.14	52 400.01	5 974 199.45
68.31	20 000 978.94	492 066.76	33 099 372.42
58.43	15 802 828.30	409 702.00	34 268 986.10
55.90	19 480 644.87	508 285.22	43 279 256.91
50.71	4 946 897.00	146 077.59	13 430 655.48
57.68	8 628 882.20	271 758.31	14 604 031.89
51.20	3 409 081.95	494 052.74	7 996 297.91
54.77	11 058 779.89	250 306.26	30 621 184.85

6–2（续1）

地　区 LOCALITY	饭店数 （家） NUMBER OF HOTELS	客房数 （间/套） NUMBER OF ROOMS	床位数 （张） NUMBER OF BEDS
河　南 HENAN	411	53 925	99 683
湖　北 HUBEI	364	47 335	80 077
湖　南 HUNAN	419	52 945	91 471
广　东 GUANGDONG	723	121 437	222 191
广　西 GUANGXI	410	52 621	99 001
海　南 HAINAN	124	26 896	45 004
重　庆 CHONGQING	197	28 757	50 380
四　川 SICHUAN	298	43 794	72 847
贵　州 GUIZHOU	266	28 030	54 057
云　南 YUNNAN	559	56 632	108 578
西　藏 TIBET	68	6 812	13 834
陕　西 SHAANXI	275	38 608	71 397
甘　肃 GANSU	299	32 495	65 297
青　海 QINGHAI	76	7 654	15 562
宁　夏 NINGXIA	90	9 980	17 275
新　疆 XINJIANG	350	44 040	80 648

客房出租率 （%） ROOM OCCU- PANCY（%）	营业收入 （千元） TOTAL REVENUE （1000 RMB ¥）	营业税金及附加 （千元） TAX （1000 RMB ¥）	固定资产原价 （千元） FIXED ASSETS （1000 RMB ¥）
51.41	5 618 728.50	176 216.93	13 416 878.45
55.89	4 727 551.28	128 362.61	12 281 346.21
61.79	6 305 506.68	581 415.69	15 902 807.97
55.96	21 120 001.20	650 346.01	56 535 017.69
54.10	3 951 800.08	131 958.48	9 797 061.68
58.19	4 392 965.14	142 406.03	11 300 306.57
55.18	4 119 022.71	111 310.76	9 488 419.11
56.36	5 574 159.95	154 992.82	15 775 374.49
54.92	2 565 226.28	65 292.79	6 180 689.41
54.84	3 715 883.71	223 790.82	16 235 792.07
51.93	557 735.00	31 118.55	3 415 286.39
53.19	4 190 171.91	100 904.48	12 846 880.25
46.90	2 337 142.52	231 242.97	7 149 756.69
43.05	668 846.58	13 197.93	1 747 041.63
46.26	762 483.79	24 679.50	2 436 227.50
48.19	3 598 849.14	93 828.15	11 444 013.00

6-3 2016年全国各地区
NUMBER OF STAR-RATED HOTELS

地区 LOCALITY	内资企业				
	国有企业 STATE-OWNED ENTER-PRISES	集体企业 COLLEC-TIVE-OWNED ENTER-PRISES	股份合作企业 COOPE-RATIVE ENTER-PRISES	国有联营 STATE JOINT OWNERSHIP ENTER-PRISES	集体联营 COLLECTIVE JOINT OWNERSHIP ENTER-PRISES
总　计 TOTAL	**2 254**	**303**	**246**	**17**	**19**
北　京 BEIJING	1	0	0	0	0
天　津 TIANJIN	28	4	0	0	0
河　北 HEBEI	111	14	11	0	0
山　西 SHANXI	70	6	6	0	1
内蒙古 INNER MONGOLIA	43	3	4	0	0
辽　宁 LIAONING	89	14	1	1	0
吉　林 JILIN	53	17	2	0	3
黑龙江 HEILONGJIANG	66	5	7	0	0
上　海 SHANGHAI	82	10	3	1	0
江　苏 JIANGSU	97	15	10	0	0
浙　江 ZHEJIANG	95	33	24	1	1
安　徽 ANHUI	77	8	9	0	0
福　建 FUJIAN	80	8	6	0	0
江　西 JIANGXI	80	2	6	0	0
山　东 SHANDONG	189	36	21	0	4

星级饭店数（按经济类型分）
BY ECONOMIC TYPE 2016

单　位：家
UNIT：NUMBER

DOMESTIC FUNDED						
国有与集体联营 JOINT STATE-COLLECTIVE ENTERPRISES	其他联营 OTHER JOINT OWNERSHIP ENTERPRISES	国有独资公司 STATE SOLE FUNDED CORPORATIONS	其他有限责任公司 OTHER LIMITED LIABILITY CORPORATIONS	股份有限公司 SHARE-HOLDING CORPORATIONS LIMITED	私营独资 PRIVATE ENTERPRISES	私营合伙 PRIVATE-FUNDED ENTERPRISES
8	**24**	**297**	**663**	**652**	**1860**	**305**
0	0	0	5	0	0	0
0	0	1	1	4	9	0
1	0	0	34	21	48	3
0	0	1	13	18	22	3
0	1	1	12	10	44	2
1	1	3	23	23	80	4
0	2	0	3	5	34	2
0	0	0	9	16	53	1
1	0	15	20	13	9	0
0	0	222	0	41	138	0
1	5	3	40	72	67	54
0	0	0	26	29	51	6
0	0	1	19	17	31	24
0	0	0	13	23	45	16
1	7	1	48	66	79	4

6-3（续1）

地　区 LOCALITY	内资企业				
	国有企业 STATE-OWNED ENTER-PRISES	集体企业 COLLEC-TIVE-OWNED ENTER-PRISES	股份合作企业 COOPE-RATIVE ENTER-PRISES	国有联营 STATE JOINT OWNERSHIP ENTER-PRISES	集体联营 COLLECTIVE JOINT OWNERSHIP ENTER-PRISES
河　南 HENAN	119	22	15	1	0
湖　北 HUBEI	98	11	12	2	0
湖　南 HUNAN	90	5	26	1	0
广　东 GUANGDONG	94	17	9	4	2
广　西 GUANGXI	72	6	5	1	1
海　南 HAINAN	31	0	4	1	1
重　庆 CHONGQING	52	6	3	0	0
四　川 SICHUAN	65	3	3	0	1
贵　州 GUIZHOU	53	1	5	1	0
云　南 YUNNAN	103	25	10	0	2
西　藏 TIBET	14	4	0	1	2
陕　西 SHAANXI	83	5	23	0	1
甘　肃 GANSU	86	12	4	0	0
青　海 QINGHAI	14	3	2	0	0
宁　夏 NINGXIA	8	2	10	1	0
新　疆 XINJIANG	111	6	5	1	0

DOMESTIC FUNDED						
国有与集体联营 JOINT STATE-COLLECTIVE ENTERPRISES	其他联营 OTHER JOINT OWNERSHIP ENTERPRISES	国有独资公司 STATE SOLE FUNDED CORPORATIONS	其他有限责任公司 OTHER LIMITED LIABILITY CORPORATIONS	股份有限公司 SHARE-HOLDING CORPORATIONS LIMITED	私营独资 PRIVATE ENTERPRISES	私营合伙 PRIVATE-FUNDED ENTERPRISES
0	0	0	39	40	54	7
0	1	3	27	17	59	28
0	0	0	9	41	112	21
0	1	24	101	20	92	11
0	1	1	32	25	123	32
0	0	1	26	3	13	2
0	0	1	9	9	33	14
0	0	4	50	26	60	9
0	0	2	10	18	93	11
0	3	2	15	26	256	18
0	1	0	2	2	20	5
0	0	4	27	14	35	7
3	1	1	21	19	62	2
0	0	0	3	3	31	3
0	0	3	7	7	15	3
0	0	3	19	24	92	13

6-3（续2）

地　区 LOCALITY	私营有限责任公司 PRIVATE PARTNERSHIP ENTERPRISES	私营股份有限公司 SHARE-HOLDING CORPORATIONS LTD.	其他 OTHER ENTERPRISES	港澳台商投资 与港澳台商合资经营 JOINT-VENTURES ENTERPRISES	与港澳台商合作经营 COOPERATIVE ENTERPRISES
总　　计 TOTAL	**1 955**	**237**	**642**	**70**	**26**
北　　京 BEIJING	0	0	407	2	0
天　　津 TIANJIN	26	0	6	0	2
河　　北 HEBEI	90	9	1	2	0
山　　西 SHANXI	48	4	1	1	0
内 蒙 古 INNER MONGOLIA	51	0	1	0	0
辽　　宁 LIAONING	68	8	1	4	2
吉　　林 JILIN	32	3	11	1	0
黑 龙 江 HEILONGJIANG	36	2	1	1	0
上　　海 SHANGHAI	25	5	11	8	1
江　　苏 JIANGSU	0	0	10	5	0
浙　　江 ZHEJIANG	209	15	0	2	0
安　　徽 ANHUI	85	14	0	1	0
福　　建 FUJIAN	96	12	0	5	0
江　　西 JIANGXI	81	15	0	1	0
山　　东 SHANDONG	138	8	3	5	0

ENTERPRISES WITH FUNDS FROM HONG KONG, MACAO AND TAIWAN		外商投资 FOREIGN FUNDED ENTERPRISES			
港澳台商独资 ENTERPRISE WITH SOLE INVESTMENT	港澳台商投资股份有限公司 SHARE-HOLDING CORPORATIONS LTD.	中外合资经营 JOINT-VENTURE ENTERPRISES	中外合作经营 COOPERATION ENTERPRISES	外资企业 ENTERPRISE WITH SOLE FUNDS	外商投资股份有限公司 SHARE-HOLDING CORPORATIONS LTD.
80	**14**	**86**	**22**	**60**	**21**
0	0	1	0	0	0
0	0	1	0	1	1
1	1	2	0	0	1
0	0	0	0	0	0
2	0	0	0	0	1
4	0	13	1	6	2
0	0	0	0	1	0
0	0	0	0	1	0
7	0	7	4	0	5
8	0	7	2	4	2
5	9	7	0	5	3
3	0	1	0	2	0
11	1	12	4	7	0
2	1	2	0	1	2
4	0	6	0	0	2

6-3（续3）

地　区 LOCALITY	私营有限责任公司 PRIVATE PARTNERSHIP ENTERPRISES	私营股份有限公司 SHARE-HOLDING CORPORATIONS LTD.	其他 OTHER ENTERPRISES	港澳台商投资 与港澳台商合资经营 JOINT-VENTURES ENTERPRISES	与港澳台商合作经营 COOPERATIVE ENTERPRISES
河　南 HENAN	87	13	6	2	1
湖　北 HUBEI	71	12	9	0	2
湖　南 HUNAN	76	28	2	2	0
广　东 GUANGDONG	120	13	151	7	15
广　西 GUANGXI	86	17	1	2	0
海　南 HAINAN	19	6	2	6	2
重　庆 CHONGQING	57	7	0	3	0
四　川 SICHUAN	52	10	6	4	0
贵　州 GUIZHOU	62	6	0	1	0
云　南 YUNNAN	78	7	4	4	0
西　藏 TIBET	15	0	0	0	0
陕　西 SHAANXI	54	6	7	1	1
甘　肃 GANSU	75	11	0	0	0
青　海 QINGHAI	17	0	0	0	0
宁　夏 NINGXIA	32	1	0	0	0
新　疆 XINJIANG	69	5	1	0	0

ENTERPRISES WITH FUNDS FROM HONG KONG, MACAO AND TAIWAN		外商投资 FOREIGN FUNDED ENTERPRISES			
港澳台商独资 ENTERPRISE WITH SOLE INVESTMENT	港澳台商投资股份有限公司 SHARE-HOLDING CORPORATIONS LTD.	中外合资经营 JOINT-VENTURE ENTERPRISES	中外合作经营 COOPERATION ENTERPRISES	外资企业 ENTERPRISE WITH SOLE FUNDS	外商投资股份有限公司 SHARE-HOLDING CORPORATIONS LTD.
0	0	4	1	0	0
5	0	2	0	4	1
1	1	2	0	2	0
16	1	8	6	11	0
5	0	0	0	0	0
1	0	2	0	4	0
0	0	0	0	2	1
1	0	1	1	2	0
1	0	1	0	1	0
0	0	2	1	3	0
0	0	0	0	2	0
2	0	2	2	1	0
1	0	1	0	0	0
0	0	0	0	0	0
0	0	1	0	0	0
0	0	1	0	0	0

6-4 2016年全国各地区
NUMBER OF STAR-RATED

地 区 LOCALITY	合 计 TOTAL	五星级 5-STAR
总 计 TOTAL	**9 861**	**800**
北 京 BEIJING	723	107
天 津 TIANJIN	651	78
河 北 HEBEI	622	30
山 西 SHANXI	561	85
内蒙古 INNER MONGOLIA	559	17
辽 宁 LIAONING	419	18
吉 林 JILIN	416	59
黑龙江 HEILONGJIANG	411	17
上 海 SHANGHAI	410	11
江 苏 JIANGSU	364	19
浙 江 ZHEJIANG	350	20
安 徽 ANHUI	349	25
福 建 FUJIAN	334	47
江 西 JIANGXI	312	23
山 东 SHANDONG	310	12

星级饭店数
HOTELS 2016

单　位：家
UNET：NUMBER

四星级 4-STAR	三星级 3-STAR	二星级 2-STAR	一星级 1-STAR
2 363	**4 856**	**1 771**	**71**
145	403	66	2
164	283	121	5
146	378	68	0
156	251	69	0
71	210	239	22
64	222	113	2
118	161	77	1
84	242	65	3
83	231	85	0
78	171	91	5
124	159	45	2
72	186	64	2
122	149	15	1
106	142	40	1
51	198	49	0

6-4（续1）

地　区 LOCALITY	合　计 TOTAL	五星级 5-STAR
河　南 HENAN	299	3
湖　北 HUBEI	298	21
湖　南 HUNAN	290	14
广　东 GUANGDONG	275	14
广　西 GUANGXI	266	6
海　南 HAINAN	227	67
重　庆 CHONGQING	198	6
四　川 SICHUAN	197	28
贵　州 GUIZHOU	194	16
云　南 YUNNAN	175	10
西　藏 TIBET	169	3
陕　西 SHAANXI	124	25
甘　肃 GANSU	90	0
青　海 QINGHAI	84	15
宁　夏 NINGXIA	76	2
新　疆 XINJIANG	108	2

四星级 4-STAR	三星级 3-STAR	二星级 2-STAR	一星级 1-STAR
66	155	72	3
80	127	68	2
93	162	21	0
41	170	50	0
56	115	76	13
66	67	26	1
46	109	36	1
48	94	27	0
52	100	26	0
28	78	59	0
42	87	37	0
39	52	5	3
35	49	6	0
35	28	6	0
19	31	24	0
33	46	25	2

6-5 2016年全国星级
MAJOR STATISTICS IN

地方/ 项目 LOCALITY/ITEM	全员劳动生产率（千元/人） OLP（1000 RMB￥/PERSON）	人均占用固定资产原价（千元/人） AF（1000 RMB￥/PERSON）	百元固定资产创营业收入（元） REVEN/100F.A RMB￥）
北　京 BEIJING	298.32	776.90	38.40
天　津 TIANJIN	180.91	365.04	49.56
河　北 HEBEI	116.94	371.52	31.47
山　西 SHANXI	89.91	350.26	25.67
内蒙古 INNER MONGOLIA	130.27	548.55	23.75
辽　宁 LIAONING	134.28	520.75	25.79
吉　林 JILIN	110.80	410.60	26.98
黑龙江 HEILONGJIANG	142.30	459.70	30.95
上　海 SHANGHAI	377.31	624.41	60.43
江　苏 JIANGSU	197.62	428.55	46.11
浙　江 ZHEJIANG	204.82	455.05	45.01
安　徽 ANHUI	143.54	389.70	36.83
福　建 FUJIAN	161.18	272.79	59.09
江　西 JIANGXI	129.47	303.67	42.63
山　东 SHANDONG	139.32	385.76	36.11

饭店主要经济指标
STAR-RATED HOTELS 2016

平均客房出租率（%）AOR（%）	营业收入总额（千元）TOTAL REVENUE（1000RMB￥）	营业收入构成（%）BREAKDOWN OF TOTAL REVENUE		
		客房 ROOM	餐饮 F&B	其他 OTHER
61.65	25 359 867.00	49.34	29.61	21.04
55.27	2 476 461.74	49.60	36.60	13.80
44.38	4 953 565.57	39.19	46.63	14.18
45.72	2 202 537.82	41.72	47.99	10.29
47.01	2 251 461.54	40.15	49.29	10.56
47.86	4 560 728.68	45.76	41.73	12.51
47.62	1 537 951.05	45.90	46.05	8.05
42.97	1 849 269.14	51.26	34.30	14.43
68.31	20 000 978.94	50.03	33.83	16.14
58.43	15 802 828.30	36.85	55.01	8.14
55.90	19 480 644.87	36.39	48.42	15.19
50.71	4 946 897.00	41.73	49.68	8.59
57.68	8 628 882.20	44.93	44.85	10.22
51.20	3 409 081.95	46.74	41.53	11.73
54.77	11 058 779.89	39.15	50.22	10.63

6–5（续1）

地方/ 项目 LOCALITY/ITEM	全员劳动生产率（千元/人） OLP（1000 RMB￥/PERSON）	人均占用固定资产原价（千元/人） AF（1000 RMB￥/PERSON）	百元固定资产创营业收入（元） REVEN/100F.A RMB￥）
河　南 HENAN	123.05	293.83	41.88
湖　北 HUBEI	136.76	355.27	38.49
湖　南 HUNAN	136.54	344.37	39.65
广　东 GUANGDONG	171.89	460.13	37.36
广　西 GUANGXI	121.24	300.56	40.34
海　南 HAINAN	209.65	539.29	38.87
重　庆 CHONGQING	144.50	332.86	43.41
四　川 SICHUAN	147.27	416.80	35.33
贵　州 GUIZHOU	137.52	331.33	41.50
云　南 YUNNAN	85.66	374.29	22.89
西　藏 TIBET	144.15	882.73	16.33
陕　西 SHAANXI	121.44	372.33	32.62
甘　肃 GANSU	105.63	323.15	32.69
青　海 QINGHAI	115.36	301.32	38.28
宁　夏 NINGXIA	109.21	348.93	31.30
新　疆 XINJIANG	135.31	430.26	31.45

平均客房出租率（%）AOR（%）	营业收入总额（千元）TOTAL REVENUE（1000RMB￥）	营业收入构成（%）BREAKDOWN OF TOTAL REVENUE		
		客 房 ROOM	餐 饮 F&B	其 他 OTHER
51.41	5 618 728.50	39.25	46.22	14.53
55.89	4 727 551.28	49.16	40.10	10.73
61.79	6 305 506.68	43.10	44.11	12.79
55.96	21 120 001.20	44.04	41.47	14.49
54.10	3 951 800.08	49.19	38.96	11.85
58.19	4 392 965.14	59.79	26.51	13.70
55.18	4 119 022.71	44.27	37.65	18.08
56.36	5 574 159.95	45.80	35.45	18.76
54.92	2 565 226.28	57.40	32.61	9.99
54.84	3 715 883.71	57.89	30.70	11.42
51.93	557 735.00	62.69	22.85	14.46
53.19	4 190 171.91	44.42	47.85	7.73
46.90	2 337 142.52	49.02	42.65	8.33
43.05	668 846.58	47.62	43.07	9.30
46.26	762 483.79	44.28	49.79	5.93
48.19	3 598 849.14	45.33	37.98	16.68

七、旅行社基本情况

7. STATISTICS OF TRAVEL AGENCIES

7-1 2015~2016 年全国旅行社总数
NUMBER OF TRAVEL AGENCIES 2015—2016

单 位：家
UNIT：NUMBER

地 区 LOCALITY	旅行社总数 TOTAL TRAVEL AGENCIES	
	2015年 2015	**2016年 2016**
总 计 TOTAL	**27 621**	**27 939**
北 京 BEIJING	1 397	1 344
天 津 TIANJIN	400	396
河 北 HEBEI	1 360	1 373
山 西 SHANXI	783	778
内蒙古 INNER MONGOLIA	953	956
辽 宁 LIAONING	1 253	1 258
吉 林 JILIN	651	634
黑龙江 HEILONGJIANG	672	693
上 海 SHANGHAI	1 225	1 261
江 苏 JIANGSU	2 160	2 241
浙 江 ZHEJIANG	2 028	2 051
安 徽 ANHUI	1 068	1 070
福 建 FUJIAN	846	844
江 西 JIANGXI	750	744
山 东 SHANDONG	2 109	2 115

7-1（续1）

地　　区 LOCALITY	旅行社总数 TOTAL TRAVEL AGENCIES	
	2015年 2015	2016年 2016
河　　南 HENAN	1 082	1 009
湖　　北 HUBEI	1 037	1 057
湖　　南 HUNAN	835	838
广　　东 GUANGDONG	1 901	2 028
广　　西 GUANGXI	539	586
海　　南 HAINAN	363	304
重　　庆 CHONGQING	522	546
四　　川 SICHUAN	502	485
贵　　州 GUIZHOU	306	348
云　　南 YUNNAN	766	855
西　　藏 TIBET	196	205
陕　　西 SHAANXI	680	696
甘　　肃 GANSU	445	463
青　　海 QINGHAI	238	231
宁　　夏 NINGXIA	111	115
新　　疆 XINJIANG	443	415

7-2 2016年旅行社外联、接待入境旅游者情况

INTERNATIONAL TOURISTS LIAISED AND RECEIVED BY TRAVEL AGENCIES 2016

单　位：人、人天
UNIT：PERSON, NIGHT

地　区 LOCALITY	外　联 LIAISED		接　待 RECEIVED	
	人　数 PERSONS	人天数 NIGHTS	人　数 PERSONS	人天数 NIGHTS
总　计 TOTAL	**14 456 924**	**60 204 653**	**19 429 434**	**67 145 907**
北　京 BEIJING	1 252 595	5 942 035	1 259 412	5 208 640
天　津 TIANJIN	64 680	173 978	111 593	310 298
河　北 HEBEI	92 990	426 376	92 149	380 507
山　西 SHANXI	94 224	611 931	123 183	2 235 375
内蒙古 INNER MONGOLIA	100 287	239 050	120 955	335 187
辽　宁 LIAONING	1 465 510	5 075 795	1 439 318	4 626 704
吉　林 JILIN	164 846	375 619	216 093	589 545
黑龙江 HEILONGJIANG	116 821	760 976	288 335	2 287 107
上　海 SHANGHAI	530 868	1 756 187	551 151	1 562 556
江　苏 JIANGSU	420 590	1 857 032	1 865 481	3 014 205
浙　江 ZHEJIANG	629 667	2 596 828	731 028	2 184 581
安　徽 ANHUI	98 796	478 512	267 224	821 923
福　建 FUJIAN	1 163 760	6 306 768	914 560	4 067 531
江　西 JIANGXI	71 877	421 630	59 130	200 541
山　东 SHANDONG	1 459 439	6 922 604	1 545 224	7 740 765

7–2（续1）

地　区 LOCALITY	外　联 LIAISED		接　待 RECEIVED	
	人　数 PERSONS	人天数 NIGHTS	人　数 PERSONS	人天数 NIGHTS
河　南 HENAN	198 189	1 005 665	245 741	668 842
湖　北 HUBEI	423 325	1 277 887	1 221 031	2 445 583
湖　南 HUNAN	623 330	4 193 160	1 258 923	6 182 815
广　东 GUANGDONG	3 775 245	9 953 707	4 026 036	10 483 920
广　西 GUANGXI	156 573	594 610	277 409	879 180
海　南 HAINAN	34 143	116 032	110 978	311 079
重　庆 CHONGQING	132 493	346 320	615 588	903 776
四　川 SICHUAN	311 463	2 312 060	404 802	3 003 011
贵　州 GUIZHOU	76 288	491 362	129 693	576 969
云　南 YUNNAN	54 865	387 283	224 607	909 984
西　藏 TIBET	12 947	54 632	22 217	186 281
陕　西 SHAANXI	869 712	5 229 347	1 172 116	4 380 971
甘　肃 GANSU	27 438	140 223	40 025	156 794
青　海 QINGHAI	6 892	31 562	28 036	72 459
宁　夏 NINGXIA	5 187	34 238	29 280	98 669
新　疆 XINJIANG	21 884	91 244	38 116	320 109

7-3 2016年旅行社组织、接待国内游客情况

DOMESTIC TOURISTS ORGANIZED AND RECEIVED BY TRAVEL AGENCIES 2016

单　位：人、人天

UNIT: PERSON, NIGHT

地　区 LOCALITY	组　团 ORGANIZED		接　待 RECEIVED	
	人　数 PERSONS	人天数 NIGHTS	人　数 PERSONS	人天数 NIGHTS
总　计 TOTAL	**156 048 596**	**487 019 821**	**170 886 062**	**531 475 267**
北　京 BEIJING	5 238 936	21 278 766	3 312 916	13 916 810
天　津 TIANJIN	1 568 694	5 379 885	807 740	1 760 290
河　北 HEBEI	3 204 918	8 577 887	12 507 529	13 844 580
山　西 SHANXI	1 777 846	6 863 451	1 495 647	6 433 652
内蒙古 INNER MONGOLIA	552 275	3 113 621	1 501 093	4 785 677
辽　宁 LIAONING	6 241 953	30 423 153	4 232 608	17 319 684
吉　林 JILIN	785 443	3 222 680	629 805	1 857 815
黑龙江 HEILONGJIANG	846 679	4 745 238	1 147 515	5 115 111
上　海 SHANGHAI	14 042 492	34 877 858	7 071 946	13 149 067
江　苏 JIANGSU	21 452 920	56 969 190	20 054 159	35 469 081
浙　江 ZHEJIANG	15 761 088	40 402 329	17 007 680	32 471 980
安　徽 ANHUI	5 045 282	14 363 294	6 754 204	136 399 916
福　建 FUJIAN	8 188 222	27 284 835	12 790 352	32 594 528
江　西 JIANGXI	1 601 362	4 729 849	1 938 581	4 939 520
山　东 SHANDONG	11 036 250	38 155 826	9 805 687	29 091 838

7-3（续1）

地　　区 LOCALITY	组　团 ORGANIZED		接　待 RECEIVED	
	人　数 PERSONS	人天数 NIGHTS	人　数 PERSONS	人天数 NIGHTS
河　南 HENAN	2 373 754	7 505 518	1 725 500	3 323 098
湖　北 HUBEI	7 918 247	24 615 853	10 516 312	20 311 236
湖　南 HUNAN	5 517 116	16 589 239	7 016 345	19 178 560
广　东 GUANGDONG	21 692 656	51 589 659	13 369 093	24 870 137
广　西 GUANGXI	1 382 050	3 881 473	3 972 665	10 167 770
海　南 HAINAN	388 550	878 988	6 639 714	19 253 753
重　庆 CHONGQING	7 986 212	35 640 310	3 357 870	6 078 134
四　川 SICHUAN	4 036 403	15 168 047	4 528 768	16 314 326
贵　州 GUIZHOU	1 609 825	4 647 350	3 213 506	7 131 516
云　南 YUNNAN	1 250 996	5 652 953	8 617 549	27 318 402
西　藏 TIBET	38 937	126 298	212 431	881 845
陕　西 SHAANXI	3 126 049	13 968 847	3 807 907	9 893 383
甘　肃 GANSU	426 003	2 172 391	746 856	2 507 366
青　海 QINGHAI	258 349	1 185 211	818 783	2 291 072
宁　夏 NINGXIA	216 365	1 073 205	547 781	1 657 995
新　疆 XINJIANG	482 724	1 936 617	737 520	11 147 125

7-4 2016年旅行社主要经济指标

MAJOR STATISTICS OF TRAVEL AGENCIES BY LOCALITY 2016

单 位：千元

UNIT: ONE THOUS.RMBY

地 区 LOCALITY	营业收入 TOTAL REVENUE	营业税金及附加 TAX	固定资产原价 ORIGINAL VALUE OF FIXED ASSETS
总 计 TOTAL	**464 313 946.78**	**1 043 932.55**	**137 968 799.81**
北 京 BEIJING	61 208 751.00	109 944.00	20 134 688.00
天 津 TIANJIN	5 034 438.02	9 857.84	2 835 550.35
河 北 HEBEI	4 244 836.12	11 332.19	2 307 681.44
山 西 SHANXI	8 473 756.65	16 315.55	3 254 628.36
内蒙古 INNER MONGOLIA	2 105 346.89	5 910.26	693 092.98
辽 宁 LIAONING	12 496 731.49	39 808.61	2 030 494.86
吉 林 JILIN	2 232 525.06	5 560.45	982 996.07
黑龙江 HEILONGJIANG	3 215 387.86	7 798.14	1 071 715.38
上 海 SHANGHAI	82 727 514.69	214 633.10	21 977 036.61
江 苏 JIANGSU	59 819 997.12	61 957.09	8 441 105.11
浙 江 ZHEJIANG	5 439 788.31	14 904.45	1 811 029.14
安 徽 ANHUI	8 515 093.96	17 091.28	1 608 536.91
福 建 FUJIAN	26 012 794.00	52 075.39	4 222 109.59
江 西 JIANGXI	3 885 415.51	7 302.11	1 077 231.16
山 东 SHANDONG	16 972 784.46	58 173.33	3 116 495.75

7-4（续1）

地　区 LOCALITY	营业收入 TOTAL REVENUE	营业税金及附加 TAX	固定资产原价 ORIGINAL VALUE OF FIXED ASSETS
河　南 HENAN	3 840 038.95	8 619.24	1 327 771.72
湖　北 HUBEI	12 086 182.47	76 815.67	2 236 396.01
湖　南 HUNAN	14 692 352.73	29 444.17	1 878 179.61
广　东 GUANGDONG	72 059 545.38	152 830.56	17 189 927.39
广　西 GUANGXI	6 437 762.64	7 411.47	1 449 673.29
海　南 HAINAN	4 994 776.29	16 363.47	5 952 089.65
重　庆 CHONGQING	13 102 764.23	15 194.95	1 716 173.53
四　川 SICHUAN	8 430 386.61	30 349.16	15 003 014.03
贵　州 GUIZHOU	2 693 000.37	6 422.77	1 693 829.38
云　南 YUNNAN	9 396 477.45	30 625.09	5 591 166.02
西　藏 TIBET	1 007 242.93	3 351.13	1 162 552.10
陕　西 SHAANXI	7 141 622.50	10 179.22	1 870 643.85
甘　肃 GANSU	1 464 246.69	14 389.58	2 367 904.10
青　海 QINGHAI	950 695.79	1 345.00	1 948 182.17
宁　夏 NINGXIA	941 708.39	1 254.11	193 412.30
新　疆 XINJIANG	2 689 982.22	6 673.17	823 492.95

八、A 级旅游景区基本情况

8. STATISTICS OF A-GRADE TOURIST ATTRACTIONS

8-1　2016 年全国各地区 A 级旅游景区总数
NUMBER OF A-GRADE TOURIST ATTRACTIONS 2016

单　位：家
UNET：NUMBER

地　区 LOCALTY	旅游景区总数 NUMBER OF A-GRADE TOURIST ATTRACTIONS	AAAAA	AAAA	AAA	AA	A
总　计 TOTAL	**9 824**	**227**	**3 034**	**4 112**	**2 346**	**105**
北　京 BEIJING	243	7	72	111	48	5
天　津 TIANJIN	112	2	33	51	26	0
河　北 HEBEI	365	6	114	105	139	1
山　西 SHANXI	155	6	89	41	17	2
内蒙古 INNER MONGOLIA	351	3	107	103	137	1
辽　宁 LIAONING	408	4	89	239	68	8
吉　林 JILIN	243	5	63	91	69	15
黑龙江 HEILONGJIANG	397	5	100	139	134	19
上　海 SHANGHAI	97	3	50	44	0	0
江　苏 JIANGSU	638	22	183	221	212	0
浙　江 ZHEJIANG	572	14	185	241	129	3
安　徽 ANHUI	556	11	167	234	142	2
福　建 FUJIAN	215	9	89	92	25	0
江　西 JIANGXI	308	8	107	139	54	0
山　东 SHANDONG	1 054	9	198	494	350	3

8-1（续1）

地 区 LOCALTY	旅游景区总数 NUMBER OF A-GRADE TOURIST ATTRACTIONS	AAAAA	AAAA	AAA	AA	A
河 南 HENAN	385	12	134	141	97	1
湖 北 HUBEI	369	10	124	178	55	2
湖 南 HUNAN	331	8	97	195	29	2
广 东 GUANGDONG	315	12	162	128	13	0
广 西 GUANGXI	352	4	145	188	15	0
海 南 HAINAN	53	6	15	27	5	0
重 庆 CHONGQING	214	7	76	80	49	2
四 川 SICHUAN	425	11	186	112	114	2
贵 州 GUIZHOU	177	4	70	86	17	0
云 南 YUNNAN	233	8	68	63	86	8
西 藏 TIBET	113	2	14	45	36	16
陕 西 SHAANXI	337	8	93	192	42	2
甘 肃 GANSU	260	4	80	90	84	2
青 海 QINGHAI	106	2	20	65	19	0
宁 夏 NINGXIA	71	4	16	31	20	0
新 疆 XINJIANG	369	11	88	146	115	9

8-2 2016年A级旅游景区基本情况

MAJOR STATISTICS OF A-GRADE TOURIST ATTRACTIONS 2016

地 区 LOCALITY	A级旅游景区样本量（家） SAMPLE SIZE OF A-GRADE TOURIST ATTRACTIONS	接待总人数（亿人次） VISITORS RECEIVED（100 MILLION PERSON）	营业收入（亿元） TOTAL REVENUE（100 MILLION RMB ¥）	#门票收入（亿元） TICKETS（100 MILLION RMB ¥）
总 计 TOTAL	**8 659**	**44.32**	**3 858.20**	**906.20**
北 京 BEIJING	193	2.01	50.33	26.85
天 津 TIANJIN	101	0.42	18.4	7.85
河 北 HEBEI	339	1.14	86.98	20.40
山 西 SHANXI	143	0.63	105.38	17.74
内蒙古 INNER MONGOLIA	288	0.44	39.4	7.15
辽 宁 LIAONING	309	1.05	89.69	34.73
吉 林 JILIN	227	0.36	34.49	8.61
黑龙江 HEILONGJIANG	359	0.63	51.42	11.39
上 海 SHANGHAI	96	0.86	35.35	21.71
江 苏 JIANGSU	632	5.14	202.64	56.23
浙 江 ZHEJIANG	490	3.47	209.8	74.99
安 徽 ANHUI	461	2.29	254.81	39.35
福 建 FUJIAN	182	1.21	41.64	21.88
江 西 JIANGXI	255	1.6	538.58	47.81
山 东 SHANDONG	878	3.89	234.04	76.84

8-2（续1）

地　区 LOCALITY	A级旅游景区样本量（家） SAMPLE SIZE OF A-GRADE TOURIST ATTRACTIONS	接待总人数（亿人次） VISITORS RECEIVED （100 MILLION PERSON）	营业收入（亿元） TOTAL REVENUE （100 MILLION RMB ¥）	#门票收入（亿元） TICKETS （100 MILLION RMB ¥）
河　南 HENAN	368	1.86	101.06	45.15
湖　北 HUBEI	316	1.44	185.44	39.44
湖　南 HUNAN	290	1.6	231.95	50.09
广　东 GUANGDONG	309	2.21	146.23	65.00
广　西 GUANGXI	347	1.5	56.41	21.71
海　南 HAINAN	53	0.42	30.45	14.49
重　庆 CHONGQING	210	1.06	111.13	16.38
四　川 SICHUAN	354	2.58	407.13	52.88
贵　州 GUIZHOU	172	1.34	245.56	28.68
云　南 YUNNAN	205	1.04	85.08	30.05
西　藏 TIBET	79	0.39	4.32	1.83
陕　西 SHAANXI	336	1.89	111.74	38.91
甘　肃 GANSU	255	0.91	56.33	11.52
青　海 QINGHAI	74	0.23	38.27	4.70
宁　夏 NINGXIA	42	0.18	10.42	4.11
新　疆 XINJIANG	296	0.53	43.73	7.73

注：样本量为剔除了漏报、误报、数据不全的A级景区

NOTE: A-RATED SCENIC SPOTS WITH OMITTED, WRONG, AND INCOMPLETE DATA ARE NOT INCLUDED IN THE SAMPLE

九、旅游企事业单位基本情况

9. STATISTICS OF TOURISM ENTERPRISES

9-1 2016年旅游业从业人数

BREAKDOWN EMPLOYEES OF TOURISM INDUSTRY 2016

单 位：人
UNIT：PERSON

地 区 LOCALITY	星级饭店 STAR-RATED HOTELS	旅行社 TRAVEL AGENCIES	A级景区固定从业人员 FULL-TIME STAFF OF A-GRADE TOURIST ATTRACTIONS
总 计 TOTAL	**1 196 564**	**346 219**	**1 287 706**
北 京 BEIJING	85 010	30 521	24 191
天 津 TIANJIN	13 689	4 593	10 785
河 北 HEBEI	42 361	8 575	61 845
山 西 SHANXI	24 498	8 060	16 876
内蒙古 INNER MONGOLIA	17 283	6 843	15 713
辽 宁 LIAONING	33 964	9 444	55 100
吉 林 JILIN	13 881	4 688	10 984
黑龙江 HEILONGJIANG	12 996	5 151	31 580
上 海 SHANGHAI	53 009	31 691	11 830
江 苏 JIANGSU	79 965	34 809	66 970
浙 江 ZHEJIANG	95 109	7 889	49 336
安 徽 ANHUI	34 464	9 781	37 075
福 建 FUJIAN	53 536	18 308	25 709
江 西 JIANGXI	26 332	6 196	64 848
山 东 SHANDONG	79 378	21 049	147 063

9-1（续1）

地　区 LOCALITY	星级饭店 STAR-RATED HOTELS	旅行社 TRAVEL AGENCIES	A级景区固定从业人员 FULL-TIME STAFF OF A-GRADE TOURIST ATTRACTIONS
河　南 HENAN	45 662	6 483	52 306
湖　北 HUBEI	34 569	16 638	42 863
湖　南 HUNAN	46 179	13 030	159 867
广　东 GUANGDONG	122 867	41 006	73 045
广　西 GUANGXI	32 596	7 898	29 974
海　南 HAINAN	20 954	4 525	18 150
重　庆 CHONGQING	28 506	6 759	22 501
四　川 SICHUAN	37 849	6 456	68 818
贵　州 GUIZHOU	18 654	2 743	25 778
云　南 YUNNAN	43 377	8 464	56 285
西　藏 TIBET	3 869	2 380	3 084
陕　西 SHAANXI	34 504	9 601	46 795
甘　肃 GANSU	22 125	4 518	19 455
青　海 QINGHAI	5 798	2 071	8 118
宁　夏 NINGXIA	6 982	1 618	4 241
新　疆 XINJIANG	26 598	4 431	26 521

9-2 2016年全国旅游院校基本情况

MAJOR STATISTICS OF TOURISM SCHOOLS & COLLEGES 2016

地区 LOCALITY	旅游院校数（所） NUMBER OF TOURISM SCHOOLS AND COLLEGES			旅游院校学生数（人） NUMBER OF STUDENTS AT TOURISM SCHOOLS AND COLLEGES		
	总计 TOTAL	*高等院校 INSTITUTES OF HIGHER EDUCATION	**中等职业学校 SECONDARY VOCATIONAL SCHOOLS	总计 TOTAL	*高等院校 INSTITUTES OF HIGHER EDUCATION	**中等职业学校 SECONDARY VOCATIONAL SCHOOLS
总　计 TOTAL	**2 614**	**1 690**	**924**	**672 434**	**440 405**	**232 029**
北　京 BEIJING	60	34	26	12 728	11 233	1 495
天　津 TIANJIN	32	30	2	9 653	7 039	2 614
河　北 HEIBEI	92	77	15	18 263	15 036	3 227
山　西 SHANXI	57	48	9	12 264	8 337	3 927
内蒙古 INNER MONGOLIA	52	40	12	7 835	6 594	1 241
辽　宁 LIAONING	82	58	24	22 987	17 721	5 266
吉　林 JILIN	45	39	6	9 716	9 088	628
黑龙江 HEILONGJIANG	65	52	13	16 111	13 688	2 423
上　海 SHANGHAI	52	34	18	16 741	11 036	5 705
江　苏 JIANGSU	238	110	128	40 990	28 900	12 090
浙　江 ZHEJIANG	99	55	44	29 736	15 889	13 847
安　徽 ANHUI	93	77	16	21 196	16 390	4 806
福　建 FUJIAN	81	54	27	21 198	16 018	5 180
江　西 JIANGXI	83	71	12	17 101	14 305	2 796
山　东 SHANDONG	128	96	32	43 688	31 730	11 958

9-2（续1）

地 区 LOCALITY	旅游院校数（所） NUMBER OF TOURISM SCHOOLS AND COLLEGES			旅游院校学生数（人） NUMBER OF STUDENTS AT TOURISM SCHOOLS AND COLLEGES		
	总 计 TOTAL	*高等院校 INSTITUTES OF HIGHER EDUCATION	**中等职业学校 SECONDARY VOCATIONAL SCHOOLS	总 计 TOTAL	*高等院校 INSTITUTES OF HIGHER EDUCATION	**中等职业学校 SECONDARY VOCATIONAL SCHOOLS
河 南 HENAN	142	110	32	28 272	22 790	5 482
湖 北 HUBEI	127	101	26	31 764	22 010	9 754
湖 南 HUNAN	97	76	21	27 727	18 603	9 124
广 东 GUANGDONG	174	103	71	69 460	42 244	27 216
广 西 GUANGXI	82	64	18	17 292	13 372	3 920
海 南 HAINAN	18	16	2	23 586	13 509	10 077
四 川 SICHUAN	119	41	78	46 125	17 683	28 442
重 庆 CHONGQING	191	89	102	52 063	25 454	26 609
贵 州 GUIZHOU	57	39	18	18 408	10 193	8 215
云 南 YUNNAN	169	48	121	29 089	11 222	17 867
西 藏 TIBET	9	4	5	3 001	1 259	1 742
陕 西 SHAANXI	78	57	21	8 338	5 421	2 917
甘 肃 GANSU	39	22	17	8 685	6 798	1 887
青 海 QINGHAI	12	10	2	2 416	1 730	686
宁 夏 NINGXIA	6	4	2	1 920	1 125	795
新 疆 XINJIANG	35	31	4	4 081	3 988	93

注：* 高等院校指旅游高等院校及开设旅游系（专业）的普通高等院校和成人高等院校

** 中等职业学校指旅游中等专业学校、旅游职业高中及开设旅游专业的其他中等专业学校、职业高中和技校

NOTES: * TOURISM INSTITUTES: TOURISM COLLEGES AND ORDINARY INSTITUTES OF HIGHER EDUCATION WITH TOURISM DEPARTMENTS

** SECONDARY VOCATIONAL SCHOOLS: SECONDARY TOURISM PROFESSIONAL SCHOOLS,VOCATIONAL TOURISM HIGH SCHOOLS, TOURISM CLASSES AT OTHER SECONDARY PROFESSIONAL SCHOOL,VOCATIONAL HIGH SCHOOL AND TECHNIC SCHOOL

附　　录

APPENDIX

旅游统计基本概念和主要指标解释

1. 游客：指任何为休闲、娱乐、观光、度假、探亲访友、就医疗养、购物、参加会议或从事经济、文化、体育、宗教活动，离开常住国（或常住地）到其他国家（或地方），其连续停留时间不超过 12 个月，并且在其他国家（或地方）的主要目的不是通过所从事的活动获取报酬的人。

游客不包括因工作或学习在两地有规律往返的人。

游客按出游地分为国际游客（即入境游客）和国内游客。按出游时间分为过夜游客和一日游游客。

2. 常住国：指一个人在近一年的大部分时间所居住的国家（或地区）或在这个国家（或地区）只居住了较短的时间，但在 12 个月内仍将返回的这个国家（或地区）。

3. 常住地：指一个常住国的居民，在近一年的大部分时间所居住的城镇或在这个城镇只居住了较短的时期，但在 12 个月内仍将返回的这个城镇。判定一个游客是国际游客还是国内游客不是根据这个游客的国籍而是根据他的常住国或常住地而定。

4. 入境旅游人数：指报告期内来我国观光、度假、探亲访友、就医疗养、购物、参加会议或从事经济、文化、体育、宗教活动的外国人、港澳台同胞等入境游客。统计时，外国人、港澳台同胞每入境一次统计 1 人次，即入境旅游人数。

入境旅游人数包括入境过夜游客和入境一日游游客。

5. 入境过夜游客：指入境游客中，在我国旅游住宿设施内至少停留一夜的外国人、华侨、港澳台同胞。

入境过夜游客不包括下列人员：① 应邀来华访问的政府部长以上官员及其随行人员；② 外国驻华使领馆官员、外交人员以及随行的家庭服务人员和受赡养者；③ 常驻我国一年以上的外国专家、留学生、记者、商务机构人员等；④ 乘坐国际航班过境不需要通过护照检查进入我国口岸的中转旅客；⑤ 边境地区往来的边民；⑥ 回内地（大陆）定居的港澳台同胞；⑦ 已在我国定居的外国人和原已出境又返回在我国定居的外国侨民；⑧ 归国的我国出国人员。

6. 入境一日游游客：指入境游客中，未在我国旅游住宿设施内过夜的外国人、华侨、港澳台同胞。入境一日游游客应包括乘坐游船、游艇、火车、汽车来华旅游，在车（船）上过夜的游客和机、车、船上乘务人员，但不包括在境外（内）居住而在境内（外）工作，当天往返的港澳同胞和周边国家的边民。

7. 国内游客：指报告期内在国内观光游览、度假、探亲访友、就医疗养、购物、参加会议或从事经济、文化、体育、宗教活动的本国居民，其出游的目的不是通过所从事的活动谋取报酬。统计时，国内游客按每出游一次统计 1 人次。国内游客包括国内过夜游客和国内一日游游客。

8. 国内过夜游客：指国内居民离开惯常居住地在境内其他地方的旅游住宿设施内至少停留一夜，最长不超过 12 个月的国内游客。国内过夜游客应包括在我国境内常住一年以上的外国人、港澳台同胞。但不包括到各地巡视工作的部级以上领导、驻外地办事机构的临时工作人员、调遣的武装人员、到外地学习的学生、到基层锻炼的干部、到境内其他地区定居的人员和无固定居住地的无业游民。

9. 国内一日游游客：指国内居民离开惯常居住地 10 公里以上，出游时间超过 6 小时，不足 24 小时，并未在境内其他地方的旅游住宿设施过夜的国内游客。

10. 国籍：是指给游客颁发护照（或其他身份文件）的政府所在的国家。

11. 外国人：指属外国国籍的人，加入外国国籍的中国血统华人也计入外国人。

12. 港澳台同胞：指居住在我国香港特别行政区、澳门特别行政区和台湾省的中国同胞。

13. 职业：旅游者在本次旅游前所从事的职业。

14. 出境人数（出境游客）：指我国（大陆）公民因公或因私出境前往其他国家或地区观光、度假、探亲访友、就医疗养、购物、参加会议或从事经济、文化、体育、宗教活动的人数（即出境游客）。统计时，出境游客按每出境一次统计 1 人次。

15. 出境过夜游客：指我国大陆居民出境旅游，并在境外其他国家或地区的旅游住宿设施至少停留一夜的游客。

16. 出境一日游游客：指我国大陆居民出境旅游，在境外停留时间不超过 24 小时，并未在境外其他国家或地区的旅游住宿设施内过夜的游客。

17. 旅游收入：游客（入境游客和国内游客）在旅游过程中（由游客或游客的代表为游客）支付的一切旅游支出就是国家（省、区、市）的旅游收入。游客的旅游支出应包括过夜游客和一日游游客在整个游程中行、游、住、食、购、娱，以及为亲友、家人购买纪念品、礼品等方面的旅游支出，不包括为商业目的的购物、购买房、地、车、船等资本性或交易性的投资、馈赠亲友的现金及给公共机构的捐赠。旅游收入包括国际旅游（外汇）收入和国内旅游收入。

18. 国际旅游（外汇）收入：入境游客在中国（大陆）境内旅行、游览过程中用于交通、参观游览、住宿、餐饮、购物、娱乐等全部花费。

19. 国内旅游收入：指国内游客在国内旅行、游览过程中用于交通、参观游览、住宿、餐饮、购物、娱乐等全部花费。

20. 团体入境游客（简称“团队”）：指参加旅游团（通常采用综合包价、小包价、国际会议、海洋游船、应邀来访及临时组织的旅游团等形式）来中国大陆旅游的入境过夜游客及入境一日游游客。

21. 旅行社外联（组团）人数：指报告期内旅行社自组外联的入境游客人数，反映旅行社对外招徕的能力。旅行社按以下要求统计外联人数：①国际游客入境后不论其停留时间多少、旅游线路长短，只统计一次；②旅行社只统计本社自主外联团的实到人数，非本社外联，仅由本社接受委托办理签证的人数不包括在内。

22. 旅行社接待入境游客人数：指报告期内旅行社实际接待的团队及零散入境过夜游客和入境一日游游客人数，以反映旅行社的接待工作量。旅行社接待入境游客的人数，既包括本社外联并接待的团队游客，也包括接受其他旅行社委托接待的团队游客。

23. 旅行社外联入境游客人天数：指报告期内旅行社外联的每个入境游客在境内实际停留的天数之和。仅委托办理有关手续或提供单项服务的零散入境游客不计算人天。外联一日游游客超过 6 小时的按 1 人天统计。

24. 旅行社接待入境人天数：指报告期内旅行社接待的每个入境游客在本省、市实际停留的天数之和。仅委托办理有关手续或提供单项服务的零散入境游客不计算人天。

25. 国内旅游组团人数（人天数）：指报告期内旅行社招徕组织国内团队游客人数（人天数）。组团人数包括国内过夜游客人数和国内一日游游客人数。

26. 国内旅游接待人数（人天数）：指报告期内旅行社接待国内团队游客人数（人天数）。接待人数（人天数）包括本社组团本社接待和外社组团本社接待的国内游客人数（人天数）。

27. 旅游住宿设施（旅馆业）：指任何定期（或临时）为旅游者提供住宿条件的设施。旅游住宿设施包括星级饭店、宾馆、公寓、旅店、招待所、江河及海洋游船、培训中心、疗养院、度假村、假日营地、私人寓所、家庭住宅的出租客房及亲友提供的免费住宿设施等。

28. 星级饭店：指已评定星级的饭店。

29. 星级饭店接待人数（人天数）：指报告期内游客在星级饭店住宿的人数

（人天数）。不论其住宿夜数多少，每接待一位游客只统计一次人数；一个游客住宿几夜，相应计算几个人天数。

30. 客房出租率：指报告期内客房实际出租间天数除以报告期内客房可出租间天数的百分数。其计算公式为：

$$客房出租率（\%）=\frac{\sum 客房实际出租间天数（间天）}{\sum 客房核定出租间天数（间天）}\times 100$$

31. 客房实际平均价格：指报告期内旅游饭店（宾馆）、公寓、涉外游船实际出租客房、公寓的平均价格。其计算公式为：

客房实际平均价格（元 / 间天）= 客房收入（元）/ 客房实际出租间天数（间天）

32. 营业收入：指企业各项经营业务的收入。饭店（宾馆）、写字楼、公寓、旅店的营业收入（总额），包括客房收入、餐饮收入、商品部收入、车队收入、其他收入等；旅行社的营业收入（总额），包括综合服务收入、组团外联收入、零星服务收入、劳务收入、票务收入、旅游及加项收入、其他收入等；酒楼、餐馆等饮食企业的营业收入包括餐费收入、冷热饮收入、服务收入、其他收入等；从事咨询服务的咨询公司的服务收入，也计入本科目。

旅行社（不论是组团社还是接团社）组织境外游客到国内旅游，应以旅行团队离境（或离开本地）时确认营业收入实现；旅行社组织国内游客到境外旅游，应以旅行团旅行结束返回时确认营业收入实现；旅行社组织国内游客在国内旅游，也应以旅行团旅行结束返回时确认营业收入实现。

旅行社、旅游饭店营业收入不包括本单位直属其他独立核算企业的营业收入。

33. 营业税金及附加（即业务税金及附加）：指企业与营业收入有关的，应由各项经营业务负担的税金及附加，包括营业税、城市维护建设税及教育费附加等。饭店（宾馆）、公寓、旅店、酒楼、餐馆等企业应按营业收入的一定比例计算缴纳营业税；旅行社应按营业收入净额（营业收入总额扣除代收代付的房费、餐费、交通费等费用）计算缴纳营业税。

34. 经营利润：指企业经营取得的收入，也可理解是一种毛利润，经营利润等于营业收入减去营业成本、营业费用、营业税金及附加。

35. 营业利润：是利润总额的主要组成部分。指企业经营利润减去管理费用、财务费用后的差额。

36. 利润总额：指企业在一定时期内实现的盈亏总额，反映企业最终的财务成果。计算公式为：

利润总额 = 营业利润 + 补贴收入 + 投资收益 + 营业外收入 – 营业外支出

该指标如小于零，表示亏损。

37. 固定资产原价：指企业在建造、购置、安装、改建、扩建、技术改造某项固定资产时所支出的全部货币总额。

38. 固定资产净值：指企业固定资产原价扣除累计折旧后的余额。

39. 年末从业人员：指年度末由企业支付工资的各类职工（包括正式职工、合同制职工、临时工、计划外用工等）的人数。

40. 企业登记注册类型：以企业在工商部门登记注册时的企业类型为依据，按国家统计局与国家工商行政管理局联合制定的《关于划分企业登记注册类型的规定》分为：内资企业、港澳台商投资企业、外商投资企业。内资企业包括：国有企业、集体企业、股份合作企业、有限责任公司、股份有限公司、私营企业和其他企业。港澳台商投资企业包括：合资经营企业、合作经营企业、港澳台商独资企业和港澳台商投资股份有限公司。外商投资企业包括：中外合资经营企业、中外合作经营企业、外资（独资）企业、外商投资股份有限公司。

41. 旅游高等院校：指国家承认学历、开设旅游学院（系、专业）的普通高等院校和成人高等院校。

42. 旅游中等职业学校：指国家承认学历的旅游中等专业学校、旅游职业中学（高中）及开设旅游专业班的技校和普通中学。

TECHNICAL NOTES

1. **Visitor**– refers to any person who travels to a country (or place) other than that of his or her residence for a period not exceeding 12 months for leisure, entertainment, sightseeing, holiday, visiting relatives or friends, medical care, shopping, meeting, or taking part in economic, cultural, sports or religious activities, where the main purpose of the travel is not for remuneration.

A visitor does not refer to any person who commutes between two places regularly for career or education.

According to the origin of the travel, visitors are classified as international visitors (i. e., inbound visitors) and domestic visitors. According to the length of stay, visitors are classified as tourists (i.e., overnight visitors) and same–day visitors (non–overnight visitors) .

2. **Country of Residence** – refers to the country (or region) where a person resides for most of the time over the past year, or for a short period of time but then the person returns within 12 months.

3. **Place of Residence** – refers to the city (or town) where a person resides for most of the time over the past year, or for a short period of time but the person returns within 12 month. The criterion to classify whether a visitor is an international visitor or a domestic visitor is not the person's citizenship, but his or her country of residence or place of residence.

4. **International Visitors (Inbound Visitor Arrivals)** – refer to foreigners or compatriots from Hong Kong, Macao and Taiwan who come to China within the reporting time frame for sightseeing, holiday, visiting friends and relatives, medical care, shopping, meeting, or taking part in economic, cultural, sports or religious activities. Each time of entry is recorded as one time of arrival, and the total sum makes up the inbound visitor arrivals.

Inbound visitor arrivals (international visitors) include inbound (overnight) tourists and inbound same–day visitors.

5. **Inbound (overnight) tourists** – refer to those inbound visitors who stay at least for one night at tourist accommodation establishments in China.

Inbound (overnight) tourists do not include following persons:

(1) Officials of ministerial level or above and their aids and escorts who come to visit China at the invitation of Chinese;

(2) Officials and diplomats of foreign diplomatic missions to China, including their household service people and dependents;

(3) Foreign experts, students, journalists, trade representatives who stay in China over one year;

(4) Transit passengers of international flights without going through Chinese frontier checks;

(5) Border residents;

(6) Compatriots from Hong Kong, Macao and Taiwan who reside in the mainland permanently;

(7) Foreigners who has already become residents in the country or who left the country but has returned to reside in the country;

(8) Chinese nationals who return from foreign countries.

6. **Inbound Same-day Visitors** – refer to those inbound visitors who do not stay overnight in the tourist accommodation establishments. They include visitors, drivers, crewmembers who stay overnight on board of cruise ships, yachts, trains or motor vehicles, but they do not include those compatriots from Hong Kong, Macao and Taiwan and those residents of the bordering countries who reside outside (inside) while work inside (outside) China.

7. **Domestic Visitors** – refer to Chinese nationals who travel within the country within the reporting time frame for sightseeing, holiday, visiting friends and relatives, medical care, meeting, or taking part in economic, cultural, sports or religious activities. Their purposes of travel are not for remuneration from the activities afore mentioned. Each time of their travel is recorded as one person time. Domestic visitors include domestic (overnight) tourists and domestic same-day visitors.

8. **Domestic Tourist**– refers to any residents of the country who leaves his or her usual place of residence and travels to another place within the country and stay at least one night but not exceeding 12 months at the tourist accommodation establishments, where the main purpose of the travel is not for remuneration. Domestic tourists should include those foreigners and compatriots from Hong Kong, Macao and Taiwan who reside in the country over one year; They do not include officials at the ministerial level and above on inspection trips, temporary staff members in the offices in other cities, military

staff mobilized to other areas, students studying in other places of the country, government employees on field training, people who travel to another place to reside, and people without fixed residence.

9. **Domestic Same-day** Visitor – refers to a resident of the country who leaves his or her usual place of residence over 10 kilometers away for over 6 hours but less than 24 hours and does not stay overnight in the tourist accommodation establishments in other places.

10. **Citizenship** – refers to the country where the government issues the passport (or other identification documents) to a visitor.

11. **Foreigners** – refer to persons with foreign citizenship, including Chinese descents who have acquired foreign citizenship.

12. **Compatriots of Hong Kong, Macao and Taiwan** – refer to the Chinese compatriots who reside in Hong Kong Special Administrative Region, Macao Special Administrative Region and Taiwan province.

13. **Occupation** – refers to the occupation a visitor holds before the trip.

14. **Outbound Visitor** (**outbound departure**) – refers to a Chinese (mainland) citizen who departs from China to a foreign country (or region) for leisure, entertainment, sightseeing, holiday, visiting relatives or friends, medical care, shopping, meeting, or taking part in economic, cultural, sports or religious activities. Each time of departure is recorded as one person time.

15. **Outbound Tourist** – refers to a resident of the mainland who departs the country for travel and stays at least one night at the tourist accommodation establishments in another country or region.

16. **Outbound Same-day Visitor** – refers to a resident of the mainland China who makes an outbound travel for less than 24 hours and does not stay overnight in the tourist accommodation establishments in the country or region.

17. **Tourism Receipts** – all the expenditures made by visitors (inbound visitors and domestic visitors) or by representatives of the visitors in the course of their travel constitute the tourism receipts of a country (province, region, city) . Tourism expenditures of visitors should include expenses made by (overnight) tourists and same-day visitors throughout their travel on transport, tours, lodging, food, shopping, entertainment, and souvenirs and gifts for friends and relatives. Tourism expenditures do not include purchases of goods, real estate, house, motor vehicle, water vessel for commercial purposes, neither include capital nor transactional investments, cash given

to friends and relatives, donations to public organizations. Tourism receipts include international tourism (foreign exchange) receipts and domestic tourism receipts.

18. **International Tourism (foreign exchange) Receipts**– refer to the total expenditure made by inbound tourists within the territory of China (the mainland) in their course of travel on transport, tours and sightseeing, lodging, food and beverage, shopping, entertainment and etc.

19. **Domestic Tourism Receipts** – refer to the total expenditure made by domestic tourists within the territory of China (the mainland) in their course of travel on transport, tours and sightseeing, lodging, food and beverage, shopping, entertainment and etc.

20. **Group Inbound Visitors ("Groups" for short)** – refer to inbound tourists and same–day visitors who travel to the mainland China as groups (usually the groups are in the form of all–inclusive packages, small packages, international conferences, cruise liners, invited groups and temporarily organized tourist groups) .

21. **Number of Inbound Visitors Liaised by Travel Agencies** – refers to the number of inbound visitors liaised by any travel agency within the reporting time frame. It reflects the sales abilities of travel agencies. Travel agencies are required to record the number of inbound visitors according to: (1) Upon arrival, the entry of international visitors is recorded only once no matter how long they will stay and how long their itineraries are; (2) Travel agencies record only the actual arrival number of visitors liaised by the travel agencies concerned, excluding the number of visitors liaised by other travel agencies but whose visas are processed by the travel agencies concerned.

22. **Number of Inbound Visitors Received by Travel Agencies** – refers to the number of group and independent inbound tourists and inbound same–day visitors actually received by the travel agencies concerned within the reporting time frame. This indicator reflects the work load of travel agencies. It includes not only group visitors liaised and received by the travel agencies concerned but also group visitors entrusted by other travel agencies.

23. **Number of Days of Inbound Tourists Liaised by Travel Agencies** – refers to the sum of the days of actual stay of each inbound tourist liaised by travel agencies concerned in a given area within the reporting time frame.

24. **Number of Days of Inbound Tourists Received by Travel Agencies**– refers to the sum of the days of actual stay of each inbound tourist received by travel agencies concerned in a given area within the reporting time frame.

25. **Number of Domestic Group Visitors (Days)** – refer to the number of domestic group visitors (days) liaised by travel agencies within the reporting time frame. They include domestic group tourists (days) and domestic group same–day visitors (days) .

26. **Number of Domestic Visitors (Days) Received by Travel Agencies** – refer to the number of domestic group visitors (days) received by travel agencies within the reporting time frame. They include domestic visitors organized and received by the travel agencies concerned and domestic visitors organized by other travel agencies but received by the travel agencies concerned.

27. **Tourist Accommodation Establishments (Hotel Industry)** – refer to all kinds of establishments that can accommodate tourists regularly or temporarily. They include star–rated hotels, apartments, inns, guesthouses, cruise ships and boats, training centers, sanatoriums, holiday resorts, campsites, private dwellings, family rental rooms and lodging facilities provided by relatives and friends.

28. **Star–Rated Hotels** – refer to accommodation establishments which are star–rated.

29. **Number of Tourists (Nights) Received at star–Rated hotels** – refers to the number of tourists (nights) received at Star–Rated hotels within the reporting time frame. No matter how many nights a tourist stays, each tourist is recorded only once. The number of nights a tourist stays at a hotel equals the number of tourist nights.

30. **Room Occupancy Rate** – refers to the number of rooms (nights) actually sold divided by the number of rooms (nights) available within the reporting time frame. The formula is as follows:

$$\text{Room Occupancy Rate}\ (\%) = \frac{\text{Number of Rooms (Nights) Actually Sold}}{\text{Number of Rooms (nights) available}} \times 100\%$$

31. **Actual Average Room Rate** – refers to the actual average price of rooms of tourist hotels, apartments and cruise ships. The formula goes:

Actual average room rate (Yuan/Room Day) = Room sales (Yuan) / Actual number of rooms sold days.

32. **Business Income** – incomes from business operations of an enterprise. Business income of hotels, office buildings, apartments and inns includes sales from rooms, catering, shopping, transport services and other incomes; Business income of travel agencies includes inclusive service charges, handling charges from organizing groups, odd services, labor service, ticketing service, tours and extra service charges, and other

incomes; Business incomes of restaurants includes food and beverage sales, service charges, and other incomes; Incomes of consulting services provided by consultant firms are also recorded under this item.

For travel agencies (organizing companies and reception companies) handling inbound tourists, only the realized business incomes upon the departure of the tourist groups from the country (or local area) should be recorded as their business incomes; For travel agencies handling outbound tourists, only the actual realized incomes upon returning of the tourist groups should be recorded as their business income; For travel agencies handling domestic tourists, only the actual realized incomes upon returning of the tourist groups should be recorded as their business income. The business income of the travel agencies or hotels does not include that of their subsidiary enterprises which have independent accounting.

33. **Business Tax and Additional Levies**– refer to taxes and additional levies related to enterprises' business income, including business tax, urban maintenance and construction tax, and additional education levies. Business tax of hotels, apartments, restaurants should be paid based on a certain percentage of the business income; Business tax of travel agencies should be paid based on a certain percentage of net income.

34. **Operational Revenue** – refers to incomes gained from business operations. It can be understood as one type of gross profit. Operational revenue equals to business income minus business cost, business expenses, business tax and additional levies.

35. **Business Revenue** – is the main body of the gross profit. It refers to operational revenue minus management fees, accounting fees.

36. **Gross Profit** – refers to the balance of total profits and losses within a given period. This indicator reflects the final accounting result. The formula is: Gross profit = business revenue + subsidies income + investment returns + incomes from outside business activities – expenditures outside business activities. If this indicator is small than zero, it stands for loss.

37. **Original Value of Fixed Assets** – refer to the total cash value of the fixed assets of an enterprise when they are set up, purchased, installed, renovated, expanded or technically upgraded.

38. **Net Value of Fixed Assets** – refers to the balance of the original value of fixed assets and accumulated depreciation.

39. **Employment at the End of the Year**– refers to the total number of employees on the payroll at the end of the year. The employees include formal, contract, temporary

staff and recruits outside planned employment.

40. **Category of Enterprise at Registration**– According to the categories of enterprises at registration with industrial and commercial registration offices and basing on the "Regulation on Classifying Categories of Enterprises at Registration" formulated by National Statistics Bureau and National Industrial and Commercial Administration Bureau, enterprises are classified into following categories: domestic–invested Enterprises, enterprises with Investment from Hong Kong, Macao, or Taiwan, foreign–invested Enterprises. Domestic–invested enterprises include state–owned enterprises, collective-owned enterprises, share holding co–operative enterprises, limited liability enterprises, limited liability shares enterprises, private enterprises, and other categories of enterprises; Enterprises with investment from Hong Kong, Macao, or Taiwan include joint–venture enterprises, co–operative enterprises, fully–Hong Kong, Macao or Taiwan–invested enterprises, and limited liability shares enterprises with Hong Kong, Macao or Taiwan investment; Foreign invested enterprises include Sino–foreign joint–venture enterprises, Sino–foreign co–operative enterprises, fully foreign invested enterprises, limited liability shares enterprises with foreign investment.

41. **Higher Learning Institutions in Tourism**– refer to ordinary higher learning institutions or adult higher learning institutions which have tourism institutes or department or specialty and which grant state recognized educational certificates.

42. **Technical Schools in Tourism**– refer to tourism technical schools, or tourism professional middle (high) schools, or other technical schools or ordinary middle schools which offer tourism courses and grant state recognized educational certificates.

责任编辑：王 军
责任印制：冯冬青

图书在版编目（CIP）数据

中国旅游统计年鉴. 2017 : 汉英对照 / 中华人民共和国国家旅游局编. --北京 : 中国旅游出版社, 2017.12

ISBN 978-7-5032-5953-1

Ⅰ. ①中… Ⅱ. ①中… Ⅲ. ①旅游业－统计资料－中国－2017－年鉴－汉、英 Ⅳ. ①F592-66

中国版本图书馆CIP数据核字（2017）第313365号

书 名：中国旅游统计年鉴 2017

作 者：中华人民共和国国家旅游局编
出版发行：中国旅游出版社
（北京建国门内大街甲9号 邮编：100005）
http://www.cttp.net.cn E-mail:cttp@cnta.gov.cn
营销中心电话：010-85166503
排 版：北京中文天地文化艺术有限公司
经 刷：全国各地新华书店
印 刷：北京工商事务印刷有限公司
版 次：2017年12月第1版 2017年12月第1次印刷
开 本：787毫米 × 1092毫米 1/16
印 张：11.5
字 数：200千
定 价：80.00元
I S B N 978-7-5032-5953-1